Deborah M. Plummer

Trau dich!

Spiele zur Stärkung kindlicher
Selbst-Achtung

Deborah M. Plummer

Trau dich!

Spiele zur Stärkung kindlicher Selbst-Achtung

Übersetzt, für deutsche Verhältnisse bearbeitet
und mit einem Vorwort versehen
von C. Wolfgang Müller

Tübingen
2010

Die Originalausgabe erschien unter dem Titel:
Self-Esteem Games for Children

© Deborah M. Plummer 2007
This translation of Self-Esteem Games for Children is published by arrangement
with Jessica Kingsley Publishers Ltd., London and Philadelphia 2007

Bibliografische Information der Deutschen Nationalbibliothek
Die Deutsche Nationalbibliothek verzeichnet diese Publikation in der
Deutschen Nationalbibliografie; detaillierte bibliografische
Daten sind im Internet über http://dnb.d-nb.de abrufbar.

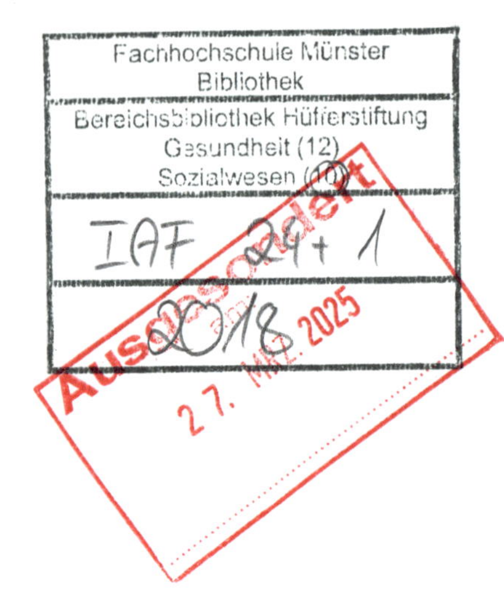

© 2010 dgvt-Verlag
Im Sudhaus
Hechinger Str. 203
72072 Tübingen

E-Mail: dgvt-Verlag@dgvt.de
Internet: www.dgvt-Verlag.de

Umschlaggestaltung: Vogelsang Design, Jens Vogelsang, Aachen
Layout: VMR Monika Rohde, Leipzig
Belichtung: KOPP – desktopmedia, Nufringen
Druck: Druckerei Deile GmbH, Tübingen
Bindung: Nädele Verlags- und Industriebuchbinderei, Nehren

ISBN 978-3-87159-089-4

Inhaltsverzeichnis

Teil I

Theoretischer und praktischer Hintergrund

1 Vorwort des Übersetzers

Spielorientierte Trainingsprogramme für Kinder spielen in Deutschland eine noch überschaubare Rolle. Sie folgen didaktischen Absichten und verbreiten manchmal nicht jenen folkloristischen Charme, von dem wir selbst noch im Kindergarten beim „Häschenhüpf!"-Spiel oder bei der „Reise nach Jerusalem" berührt worden sind. Aber sie haben sinnvoll ausgesucht, eingeführt, moderiert und sparsam ausgewertet eine zunehmende Bedeutung beim Training von Verhalten und Gefühlen bei Kindern unterschiedlichen Alters, denen Entwicklungsrückstände oder gewöhnungsbedürftiges Gruppenverhalten nachgesagt wird.

Für Kinderspiele allgemein hat sich Peter Thiesen als zuverlässiger Sammler und einfallsreicher Entwickler erwiesen (Thiesen, 2001; Thiesen, 2002; Thiesen, 2006). Für therapeutisch orientierte Spiele ist Sabine Weinberger eine wichtige Ansprechpartnerin (Weinberger, 2007). Als praktizierende Kinder- und Jugendtherapeutin gibt sie handhabbare Anregungen für ausgewählte Problembereiche wie Wahrnehmungsstörungen, Hyperaktivität, Aggression, Ängste, Trennung und Verlust auf einer gesicherten entwicklungspsychologischen und personenzentrierten Basis. Ich selbst habe angloamerikanische Lehr- und Übungsbücher für Sozialtherapeuten und Sozialpädagoginnen übersetzt und bearbeitet, die neue Perspektiven und Spiele in Gruppen in einem mehr oder weniger therapeutischen Kontext zur Nachahmung und zur Weiterentwicklung empfehlen (Hobday & Ollier, 2006; Geldard & Geldard, 2003). Ich habe dabei an die lange Geschichte der Lernarbeit in und mit Gruppen von Kindern und Jugendlichen in Deutschland erinnert.

Sie begann mit der sehr rousseauhaften Vorstellung von den schöpferischen Fähigkeiten des freispielenden Kindes, mit der Friedrich Fröbel lange Zeit die Orientierung deutscher Kindergärtnerinnen dominierte. Sie fand ihre Fortsetzung in der deutschen Jugendbewegung in dem Kult der kleinen überschaubaren Gruppe und der Vorstellung einer selbstgewählten und zusammengewachsenen Gemeinschaft gleichgesinnter junger Männer. Jugendbewegte deutsche, von den Nationalsozialisten vertriebene Emigranten entwickelten diesen „Kult der Gruppe" zusammen mit nordamerikanischen Freizeitpädagogen zur Gruppenpädagogik (social group work) und beheimateten sie nach dem Ende des Zweiten Weltkriegs wieder in Deutschland. Diese Gruppenarbeit hatte einen starken rationalen Kern und war vor allem auf verhaltensorientierte Lehr- und Lernprozesse orientiert, ohne dabei die Geschichte der Gruppenmitglieder und ihren emotionalen Hintergrund zu sehen und zu berücksichtigen.

Kurt Lewin hat dem einsichtigen und durchsichtigen Charakter dieser traditionellen Gruppenarbeit eine neue Dimension hinzugefügt. Als Erfinder der „Gruppendynamik" suchte er Gruppen nicht nur als „Erlebnismedien", sondern auch als „Erkenntnismedien" für die eigene Person und ihre Wirkungen auf andere zu nutzen. Er „erfand" die Gruppe als Spiegel, in dem man sich selbst in zwischenmenschlichen, partnerschaftlichen Zusammenhängen begegnet und erlebt. In dem man aber auch neue Verhaltensweisen und neue Gefühle experimentell unter Anleitung erproben kann, um sich aus stereotypen eigenen Verhaltensweisen und ebenso stereotypen Reaktionen seiner Umwelt zu befreien, wenn man sie bisher als hinderlich, ärgerlich oder gar zerstörerisch erlebt hat. Also Leidensdruck als Voraussetzung für die Kur.

An dieser Stelle setzen, ob sie es ausweisen oder nicht, die meisten gruppentherapeutisch orientierten Trainingsverfahren an. Die Profis, die sie verantwortlich gestalten, gehen von einer fremd- oder selbstgestellten Diagnose aus. Sie verschaffen sich einen persönlichen Eindruck (auch über die Gruppenkompatibilität) ihrer Kinder, suchen eine persönliche Beziehung zu etablieren und entwickeln mit einer kleinen, überschaubaren, eigens für diesen Zweck zusammengestellten Gruppe von Kindern ein Trainingsprogramm von begrenzter Dauer mit einer möglichst klaren Zielvorgabe in Absprache mit den Eltern oder anderen Pflegepersonen.

Ich habe mehrfach darauf hingewiesen, dass ein solches Vorgehen für professionelle Sozialpädagogen eine Art Selbstverständlichkeit darstellt, dass aber Therapeuten, die an ein störungsfreies Vier-Augen-Gespräch gewöhnt sind, manchmal Schwierigkeiten haben, wenn sie ihren Platz hinter dem Nierentisch mit dem Sitzkreis in einem Nachbarschaftsheim oder einem Bürgerzentrum vertauschen sollen. Denn nun sollen sie nicht einem einzelnen Klienten „empathisch" zuhören, sondern eine Moderatorenrolle übernehmen und nicht mit der Wimper zucken, wenn ihnen aufsässige Kids plötzlich Frechheiten sagen.

Wer in einer Case-Work-Tradition groß geworden ist und nur das Vier-Augen-Gespräch kennt, wird sich zunächst an diese neue Erfahrung herantasten müssen. Ich empfehle, in einem ersten Schritt eine vertrauenswürdige Kollegin als „Kofferträger" zu begleiten, der für die nötigen Spielmaterialien sorgt, den Spielraum durchlüftet und die Stühle zurechtrückt. Die Rolle sollte für die Kinder einsichtig und akzeptabel sein.

Das anschließende Gespräch mit der Mentorin („Warum hast du das so gemacht? Ich wäre an dieser Stelle ausgerastet!") und selbstreflexive ebenso wie lehrbuchgestützte Nacharbeit sollten in der Anfangs- und Eingewöhnungsphase Standard werden.

Für mich als alt gewordenen Sozialpädagogen hat dieses Spielebuch eine ganz besondere zusätzliche Bedeutung. Noch bin ich berührt von der in Deutschland vergleichsweise neuen Tradition der „Resilienzforschung" (= der Erforschung von Verhältnissen, in denen Kinder und Jugendliche, die unter ungewöhnlichen inneren und äußeren Belastungen leiden, sich dennoch zukunftsorientiert entwickeln), weil ich zur Kenntnis nehmen muss, dass eine wesentliche Fähigkeit, die diese Kinder und Jugendlichen gegen alle Widrigkeiten stärkt, die Fähigkeit ist, zu glauben, dass sie selbst handelnd in ihr Leben eingreifen und die Ereignisse beeinflussen können, die dieses Leben bestimmen. So hat es der nordamerikanische Sozialforscher Albert Bandura 1977 formuliert und hat diese Fähigkeit „self-efficacy = Selbst-Wirksamkeit" genannt. Ich denke, dass Handreichungen wie dieses Spielebuch helfen können, Kindern zu Erfahrungen ihrer Selbst-Wirksamkeit zu verhelfen und sie innerlich gegen eine Perspektivlosigkeit zu wappnen, von der manche befürchten, dass sie ihnen von außen droht.

C. Wolfgang Müller
Berlin, im März 2010

2 Einleitung – Von der Notwendigkeit, Theorie mit Praxis zu verbinden

Stellen Sie sich folgende Szene vor: Adam, sieben Jahre alt, spielt mit seiner Gruppe das Spiel „Auf hoher See" – ein aktivierendes Bewegungsspiel, das Marie ausgesucht hat, damit die Kinder Dampf ablassen können. Bis dahin war die Gruppe mit einer schriftlichen Aufgabe bedacht worden, die sich für Adam als zu schwierig herausgestellt hatte. „Du bist doch schon längst draußen, Adam!" Ben war es, der diesen Kommentar abgegeben und an die Spielregel erinnert hat. Marie versucht Adam auf irgendeine Weise im Spiel zu halten und bittet ihn, neben ihr zu stehen und ihr zu helfen, eine Entscheidung zu treffen, wer das nächste Mal „raus sei". Adam willigt ein, aber in der nächsten Runde des Spiels besteht er darauf, dass nun Ben es ist, der „raus sein soll". Das Spiel verkommt sehr schnell zu einer Serie von Streitigkeiten und Forderungen, die letzte Runde zu wiederholen. Zum Schluss macht eine verzweifelte Marie dem Spiel ein Ende, als sie feststellt, dass Adam in der Zwischenzeit in der Ecke wütend das dort abgestellte Spielzeug durcheinander wirft.

Warum scheint es so zu sein, dass es Spiele gibt, die großartig laufen und andere Spiele nicht? Ich glaube, dass einer der Hauptgründe für die Unterschiede darin besteht, dass wir die Bedeutung eines Spieles für die gegenwärtige Situation von Kindern in der Gruppe nicht gut kennen und auch nicht einschätzen, wie mitreißend das Spiel für die Gruppe im Augenblick ist. Natürlich gibt es immer Spiele, die für einen Teil der Gruppe eine Quelle von Aufregung, Freude und aktivierender Bewegung sind. Gleichzeitig aber kann es passieren, dass sie für ein ruhiges Kind eine wahre Tortur sein können, für ein Kind beispielsweise, das Schwierigkeiten hat, die Spielregeln zu verstehen, bei einem Kind, das schon voller Frustrationen in das Spiel eingetreten ist, oder das Angst hat, aus dem Spiel herauszufallen oder ein weiteres Mal als Loser an den Rand gedrängt zu werden. Auf der anderen Seite kann ein der Situation angemessen gut ausgestattetes Spiel ein unglaublich wirksames Instrument sein, um das Vertrauen eines Kindes in seine eigene Wirksamkeit zu unterstützen. Und gleichzeitig kann es für andere Kinder eine Quelle von Frustration oder Langeweile sein.

Ohne die Erfahrung, dass Spiele sehr unterschiedliche Wirkungen auf unterschiedliche Kinder haben, können die möglichen positiven Wirkungen dieser Spiele verfehlt werden – oder, schlimmer noch, sie können unwillentlich dazu dienen, das gerade erwachende Selbstbewusstsein eines Kindes zu zerstören.

Es war meine erklärte Absicht, als ich dieses Spielbuch geschrieben habe, eine Reihe von ausgesuchten Spielen für Kinder mit einer Theorie zu verknüpfen, die sich mit der Entwicklung und Unterstützung kindlichen Selbst-Vertrauens befasst. Dabei hat sicherlich eine Rolle gespielt, dass wir in den letzten Jahrzehnten einen neuen Typ von nicht konkurrenzorientierten Spielen erfunden haben. Diese neuen Spiele unterstützen andere Strategien, um einen integrierten Ansatz zu finden, der fünf- bis elfjährigen Kindern helfen soll, ein gesundes Selbst-Vertrauen in ihre eigenen Kräfte aufzubauen, aufrechtzuerhalten und zu pflegen. Selbstverständlich sind solche Spiele kein Allheilmittel gegen die niederziehenden Kräfte, die Kinder daran hindern, ein stabiles Selbst-Vertrauen zu gewinnen. Ich bin keine super-aufgeklärte Frau, die glaubt, dass sie den Schlüssel zur Lösung aller Probleme in der Tasche hätte. Aber mit meiner Kenntnis einer Fülle von traditionellen und selbst erdachten Kinderspielen und meiner langjährigen Erfahrung im therapeutischen Umgang mit ihnen glaube ich einen Beitrag leisten zu können, der uns allen weiterhilft.

Ich habe bei der Auswahl der Spiele, die ich in diesem Spielbuch vorstellen werde, den Fokus auf nicht konkurrenzorientierte Spiele gelegt, bei denen die Herausforderung und der Spaß in den Spielprozessen selbst liegt und nicht in der immer auch spannenden Frage, wer denn gewinnen wird. Ich habe diesen Fokus nicht gewählt, weil ich etwas gegen konkurrenzorientierte Spiele habe. Sie haben einen festen Platz in der kindlichen Welt und werden von Kindern sicherlich immer wieder gern gewählt und gespielt. Die Welt der Kinder ist immer auch eine Arena, in der sie sich mit anderen Kindern vergleichen und sich fragen, wie gleich sie sind, wie anders sie sind, wie gut sie sind und wo sie noch zulegen müssen. „Gewinnen" und „verlieren", „drinbleiben" oder „rausfliegen", das sind immer existenziell betreffende Fragen, ganz gleich, ob wir Erwachsene sie ins Spiel bringen oder nicht. Aber Kinder, die in besonderer Weise verletzlich sind, die unter geringem Selbstwertgefühl und Selbst-Vertrauen leiden, finden Spiele, wo es einen Gewinner und viele Verlierer gibt, nicht besonders witzig, um sich aktiv an ihnen zu beteiligen. Was sie brauchen, sind Spiele, die ihnen helfen, ein gewisses Maß emotionaler Widerstandsfähigkeit, sozialer Kompetenz und Selbst-Wirksamkeit zu entwickeln. Und dies alles kann nur durch nicht konkurrenzorientierte Aktivitäten angeregt und gefördert werden.

Während der vielen Jahre, die ich als Sprachtherapeutin gearbeitet habe, habe ich sehr viele Spiele aus verschiedenen Quellen kennengelernt und gesammelt und mit Kindern und Kindergruppen gespielt. Da gibt es Spiele, die mir von Kolleginnen und Kollegen übermittelt worden sind, Spiele, die ich in Büchern gefunden habe, Spiele, die ich selber als Kind gespielt habe oder die im Kindergarten, in der Schule und auf Partys gespielt werden. Bei diesen Spielen verhält es sich ähnlich wie bei den Wanderstrophen in unserem alten Volksliederbuch, die irgendwo als Ergänzung für bereits vorgefundene Reime hinzugefügt worden sind. Sie wandern in andere Bereiche aus und werden für andere Zielrichtungen und andere Zwecke gebraucht. Die Spiele, die ich für dieses Buch zusammengestellt habe, entsprechen meiner klinischen Erfahrung und stellen nur einen kleinen Teil der vielen Möglichkeiten dar, die wir mit solchen Spielen haben mögen. Dabei wird für Kenner deutlich werden, dass ich eine Reihe von Spielen hinzugefügt habe, die keine Spiele in dem strukturierten Sinne dieses Wortes sind, die aber dennoch spielerische Elemente enthalten. Ich habe sie hinzugefügt, weil ich sie für besonders hilfreiche Instrumente in „meinem Werkzeugkasten" halte, der das Selbst-Vertrauen von Kindern unterstützen und befördern soll. Weitere, ähnliche Aktivitäten sind für interessierte Leser in meinem Handbuch, „(Wie) Kinder lernen, sich wertzuschätzen" enthalten (Plummer, 2009).

Alle diese Spiele können im Kindergarten, in der Grundschule und in einer Fülle von außerschulischen Situationen, in der Sozialerziehung, der Gesundheitserziehung und in therapeutischen Zusammenhängen gespielt werden. Viele der Spiele eignen sich auch dazu, in den Familien der Kinder gespielt zu werden.

Die Rolle der Familie bei der Entwicklung und Unterstützung kindlichen Selbst-Vertrauens ist außerordentlich bedeutsam. Familien zu ermutigen diese und ähnliche Spiele zu Hause zu spielen, kann einen wichtigen Prozess bei der Entwicklung kindlichen Selbst-Vertrauens einleiten. Allein schon die Zeit, die Familienmitglieder beim gemeinsamen Spiel zusammen verbringen, kann ein wichtiges Element sein, um kindliche Verhaltensweisen zu verstehen – aber auch um ihnen Zuwendung zu zeigen und die gemeinsamen Bindekräfte zu stärken. Gemeinsames Lachen, gemeinsames Problemlösen und gemeinsame Kreativität können für Kinder und für Erwachsene ein wichtiges Element der Entwicklung von Selbst-Vertrauen und Selbst-Achtung werden.

Aber für Familien, die sonst nie miteinander spielen, kann die Vorstellung, Spiele in ihren Alltag zu integrieren, ausgesprochen abschreckend wirken. Deshalb sollten wir sehr vorsichtig und langsam mit dem Gedanken umgehen, Familien zu ermutigen, Spiele als Teil unserer pädagogischen oder therapeutischen Strategie einzusetzen. Wir sollten uns immer vor Augen halten, wie leicht Erwachsene Spielideen missverstehen und mit übergeordneten Absichten belasten können.

„Also seid entspannt, macht es euch einfach und habt Spaß dabei", das ist in solchen Fällen die beste Empfehlung.

Ich habe in diesem Spielbuch nicht versucht, Vorschläge zur Zusammenstellung einzelner Spiele zu machen oder zu der Zahl der Spiele, die man nacheinander spielen könnte. Das alles hängt von den Umständen und den pädagogischen oder therapeutischen Absichten ab, die wir in der jeweiligen Spielsituation mit diesen Spielen verbinden. Es hängt natürlich auch besonders vom Zustand, der Zusammensetzung und der situativen Befindlichkeit der Kinder ab, mit denen zusammen wir spielen. Schließlich wird jeder Spielleiter (wir nennen ihn in diesem Zusammenhang „Teamer") seine eigenen Vorstellungen, seine eigene Persönlichkeit, seine Erfahrungen und sein Wissen in diesen Prozess einbringen. Auf diese Weise wird der Spielprozess für uns alle ein integrierender Bestandteil unseres eigenen Lernens werden.

Zur Benutzung dieses Spielbuchs

Die verschiedenen Spielaktivitäten werden in verschiedene Untergruppen aufgeteilt. Da gibt es die Aufwärmspiele, die sieben Basiselemente eines gesunden Selbst-Vertrauens und die Spiele zum Ausklang. Der erste Teil dieses Spielbuches enthält zuerst einen kurzen Überblick über die Hauptelemente der Spiele, die im Text berührt werden. Es folgt eine Auswahl von Spielen, die ich für das jeweilige Thema für besonders treffend halte. Jedem Spiel habe ich eine primäre Zielsetzung zugeordnet. Sie werden aber auch einige zusätzliche Fertigkeiten finden, die in jedem Spiel trainiert werden können. Ich habe mich entschieden, diese Liste auf einige wenige Schlüsselbegriffe zu beschränken. Ich habe aber auch Raum gelassen, damit Sie selber zusätzliche Fertigkeiten hinzufügen können, von denen Sie meinen, dass sie sich bei der Arbeit mit dem jeweiligen Spieler als wichtig herausstellen. Sicherlich wird die Liste dieser Fertigkeiten zunehmen, je häufiger Sie diese Spiele spielen.

Um Ihnen bei der Auswahl der einzelnen Spiele zu helfen, habe ich sie mit einer Reihe von Symbolen markiert, welche das jeweilige Alter der Spieler und die Bedeutung sprachlicher Äußerungen im Spiel selber betreffen. Es handelt sich dabei um folgende Symbole:

⑤   Dieses Symbol markiert die jüngste Altersgruppe, die ich vorgeschlagen habe, um dieses Spiel zu spielen. Nach oben gibt es keine Begrenzung.

🕒 10 Minuten   Eine angemessene Spielzeit (mit Ausnahme der abschließenden Diskussion) wird angegeben. Diese Zeit verändert sich mit der Größe der Gruppe und der sprachlichen Fertigkeit ihrer Spieler.

👤 👤 👤   Dieses Symbol zeigt an, dass das Spiel für größere Gruppen geeignet ist, also für acht und mehr Mitspieler.

👤 👤   Dieses Spiel eignet sich für kleine Gruppen.

💬 💬 💬   Das Spiel erfordert viel sprachliche Aktivitäten der Spieler, sofern es nicht anderen Bedingungen angepasst wird.

💬 💬   Das Spiel erfordert eine mittlere Sprechaktivität der Spieler.

💬   Hier handelt es sich um ein überwiegend nonverbales Spiel.

✓   Die Bemerkungen beziehen sich auf zusätzliche Fertigkeiten, die durch das Spiel entwickelt oder trainiert werden können.

Sprachebenen der Spieler

Ich habe für jedes Spiel angegeben, welche Rolle das gesprochene Wort jeweils spielt. Einige Spiele müssen möglicherweise für Mitspieler angepasst werden, die spezielle Schwierigkeiten beim Sprechen oder Lernen haben. Wenn es einigen Kindern schwerfällt, komplexere verbale Regelanweisungen zu verstehen, kann es sein, dass Sie diese Anwei-

sungen in einzelne kleine Teile herunterbrechen und sich jeweils von Neuem versichern
müssen, ob diese Teile auch wirklich verstanden worden sind.

Fragen nach dem Spiel

Jedes in diesem Buch beschriebene Spiel endet mit einer Auswahl an Ideen für eine anschließende gemeinsame Diskussion mit den älteren Kindern. Diese Vorschläge verwei-
sen auf mögliche Kernfragen, welche die Teamer bei der Planung eines Spielnachmittags
oder bei der Planung einer nachträglichen Erkundungsrunde in den Vordergrund stellen
könnten.

Es hat sich herausgestellt, dass selbst eine nur kurze Zeit des gemeinsamen Nachdenkens
nach dem Spiel über das, was sie beim Spielen erlebt haben, den Kindern helfen kann zu
begreifen, dass sie nicht allein waren, sondern dass sie ihre Gefühle mit den Gefühlen anderer Kinder im Spiel geteilt haben. Es kann aber auch sein, dass Kinder, die häufiger spielen, allein durch das Spiel und im Spiel Erfahrungen machen, diese in Lernprozessen verarbeiten und deshalb nicht aufgefordert werden müssen, verbal zu äußern, was mit ihnen
geschehen ist. Das Reden über das Spiel oder die Erfahrung des Spieles selber ist dennoch
das wichtigste Medium aktiver Aneignung.

Anmerkungen für Teamer

Dies Buch ist vor allem ein Spielebuch. Aber ich habe auch Wert darauf gelegt, dass wir
es zur Beförderung unseres eigenen Nachdenkens nach dem Spiel verwenden können.
Wenn wir in unserer eigenen sozialpädagogischen Arbeit wirksam sein wollen, dann müssen wir sicherlich unsere eigenen Verhaltensweisen und Fertigkeiten kontinuierlich über-
prüfen und einschätzen. Sie sind Teil unseres eigenen Lernprozesses und damit unserer sozialpädagogischen Kompetenz. Jedes Spiel ist deshalb mit einem Freiraum für Anmerkun-
gen versehen, den Sie nach einem Spielnachmittag benutzen sollten, um festzuhalten, was
Ihnen besonders wichtig gewesen ist. Es mag sich dabei um persönliche Einschätzungen
und Erfahrungen handeln, um Präferenzen, die Sie während des Spieles bei sich entdeckt
haben, aber auch um Abneigungen, um Probleme und Erfolge.

Zum Schluss möchte ich Sie ermutigen, in Ihr Repertoire weitere Spiele aufzunehmen, die
Sie von Kollegen und Kindern gelernt haben. Jede Abteilung des Spielebuches endet deshalb mit einer leeren Seite für zusätzliche Eintragungen. Hier können Sie allgemeine Bemerkungen aufschreiben und weitere Spiele notieren, die nach Ihrer Erfahrung eine Rolle
spielen könnten.

Ich hoffe, dass Sie dieses Arrangement ermutigen wird, über Ihre eigene Praxis nachzudenken. Aber dieses Nachdenken soll Ihnen nicht die Freude nehmen, diese Spiele mit
Kindern tatsächlich zu spielen. Denn dies ist der wirkliche Wert dieser Spiele zur Stärkung

der Selbst-Achtung aller Mitspieler – wir alle sollen Spaß haben und dabei eine Menge über uns und unsere Mitspieler lernen!

3 Was ist Selbst-Achtung?

Die Beziehungen zwischen Selbst-Achtung und körperlichem, geistigem und seelischem Wohlbefinden sind seit langer Zeit bekannt. Erziehungswissenschaftler haben behauptet, dass Selbst-Achtung von zentraler Bedeutung für sämtliche Arten von Lernprozessen sei und dass deswegen diese Selbst-Achtung „das primäre Ziel aller Erziehung" wäre (Gurney, 1988). In Kalifornien hat es eine spezielle Arbeitsgruppe zur Unterstützung kindlicher Selbst-Achtung und personaler wie auch sozialer Verantwortlichkeit gegeben, welche den Zusammenhang zwischen unterentwickeltem Selbst-Wert und solchen Problemen wie frühe Schwangerschaften und Selbstmordgedanken betont hat.

Selbst-Bild und Selbst-Achtung

Um das Konzept von Selbst-Achtung zu verstehen, müssen wir wissen, was Psychologen als „Selbst-Konzept" beschreiben. Also etwa Selbst-Konzept als ein zusammengesetztes Bild dessen, was wir von uns selber denken, was wir für uns selber für erreichbar halten, was wir denken, was andere über uns denken, und was wir gern sein möchten (Burns, 1979). Das Selbst-Konzept ist also die in Wort und Bild gefasste Vorstellung, die wir von uns selber haben und von der wir vermuten, dass andere sie sich von uns machen. Dieses Bild schließt unsere körperlichen Charakteristika, unsere Fähigkeiten, Verhaltensweisen und Wertvorstellungen ein. Das Selbst-Konzept beeinflusst in gewisser Weise unser Verhalten – wir versuchen so zu handeln, wie es unserem inneren Bild entspricht.

In den Jahren früher Kindheit ist unser Selbst-Konzept noch formbar und hängt weitgehend davon ab, wie wir Feedback und Reaktionen anderer Menschen wahrnehmen. Die meisten von uns werden auch später mehr oder weniger von den tatsächlichen oder vermuteten Reaktionen anderer auf uns und unser Verhalten abhängen. Aber im Laufe unseres Lebens werden wir teilweise die Fähigkeit entwickeln, uns ein einigermaßen realistisches Bild von uns selber zu machen und dabei immer weniger von den Urteilen anderer abzuhängen, denen wir begegnen, die wir vermuten oder die wir befürchten. Solche internen und externen Urteile sind es auch, welche das Bild formen, das wir uns von unserem „idealen Selbst" machen – also von der Person, die wir gern sein möchten oder die wir sein sollten. Der Unterschied zwischen dem wahrgenommenen Selbst und dem idealen Selbst gibt Hinweise auf die Art und die Ebene unserer Selbst-Achtung. Jemand mit einer niedrigen Selbst-Achtung kann beispielsweise ein unrealistisches Bild seines idealen Selbst entwickeln, sodass er die Kluft zwischen seinem Selbst-„Bild" und dem idealen Selbst, nach dem er strebt, für unüberwindbar groß hält. Selbst-Einschätzung bezieht sich also auf die Einschätzung des eigenen Selbst-Bildes. Es bezeichnet ein relatives Maß des Wertens oder der Akzeptanz, welches Menschen ihrem eigenen Selbst-Konzept zuerkennen (Gurney, 1988, S. 39). Und es ist unlösbar mit unseren Erfahrungen in früher Kindheit und der Bedeutung von wichtigen Menschen in unserem Leben verbunden.

In den späten 50er- und frühen 60er-Jahren des 20. Jahrhunderts haben Psychologen das Gebiet des Selbst-Wertes extensiv untersucht und dabei definiert, dass es sich hier um „das Maß (handelt), in dem ein Individuum sich selbst für fähig, bedeutsam, erfolgreich und wertvoll hält. Kurz gesagt: Selbst-Einschätzung ist ein persönliches Urteil über den Wert einer Person, das sich in dem Verhalten dieser Person gegenüber sich selbst ausdrückt" (Coopersmith, 1967, S. 5). Diese Definition bezieht sich auf die *allgemeine* Selbst-Einschätzung. Andere Psychologen wie Susan Harter weisen allerdings darauf hin, dass es wichtig sei, zu unterscheiden zwischen

> Selbst-Bewertungen, die allgemeine Charakteristika eines Individuums betreffen (beispielsweise: „Ich bin eine achtbare und wertvolle Person"), und anderen, spezielleren Bewertungen, die einzelne Teilbereiche menschlicher Bedeutsamkeit bezeichnen wie seine kognitive Kompetenz („Ich bin klug"), soziale Kompetenz („Meine Altersgenossen mögen mich sehr"), sportliche Kompetenz („Ich bin ein guter Sportler") und so weiter und so fort (Harter, 1999, S. 5).

Alle Bereiche menschlicher Bedeutsamkeit spielen eine gleichberechtigte Rolle bei der Konstruktion unserer Selbst-Achtung. Die Ebenen dieser Selbst-Achtung können sich unter veränderten Umständen ihrerseits verändern. Deshalb werden die unterschiedlichen Bedeutungen, die wir uns in unterschiedlichen Bereichen unseres Lebens zuerkennen, die globale Bedeutung unseres Selbst-Wertes je nach dem Maß beeinflussen, das wir jedem einzelnen Teilbereich zuerkennen. Schematisch könnte man sich die Strukturen dieser Entwicklung von Selbst-Achtung etwa so vorstellen, wie sie in der Abbildung 2.1 realisiert worden ist.

Die Selbst-Bewertung von Kindern und Jugendlichen beinhaltet in der Regel die Beschreibung von Haltungen, Verhaltensweisen, Fähigkeiten, Fertigkeiten und Präferenzen (Vorzügen und Vorlieben). Häufig sind solche Selbsteinschätzungen unrealistisch positiv, oder sie neigen dazu, polare Gegensätze zwischen „gut" und „schlecht" zu vereinen. Das schließt „gute Gefühle" und „schlechte Gefühle" gegenüber der eigenen Person ein. Aber entgegen dieses allgemeinen Trends zeigen Untersuchungen in letzter Zeit in zunehmendem Umfang, dass selbst sehr kleine Kinder eine geringe Selbst-Achtung haben können, die im Wesentlichen auf ihre Erfahrungen mit sich und anderen zurückzuführen ist (Harter, 1999).

Coopersmith (1967) und andere haben angemerkt, dass Veränderungen in unserer Selbst-Bewertung häufig von der Aufgabe abhängen, mit der wir gerade befasst sind, von unserer Stimmung oder von der vorherrschenden Haltung wichtiger Menschen uns gegenüber. Meist sind solche Veränderungen ein normaler Aspekt unseres im Prinzip gesunden Selbst-Vertrauens. Aber es gibt auch Menschen, die solche Schwankungen nur schwer ertragen können. Die negative Selbst-Bewertung in einigen spezifischen Bereichen ihres Lebens greift dann oft über auf die allgemeine Selbst-Bewertung, so als ob man den Schalter für den kompletten „Selbst-Bewertungs-Topf" umgelegt hätte (Coopersmith, 1967).

Abbildung 1: *Allgemeine und spezielle Selbst-Achtung*

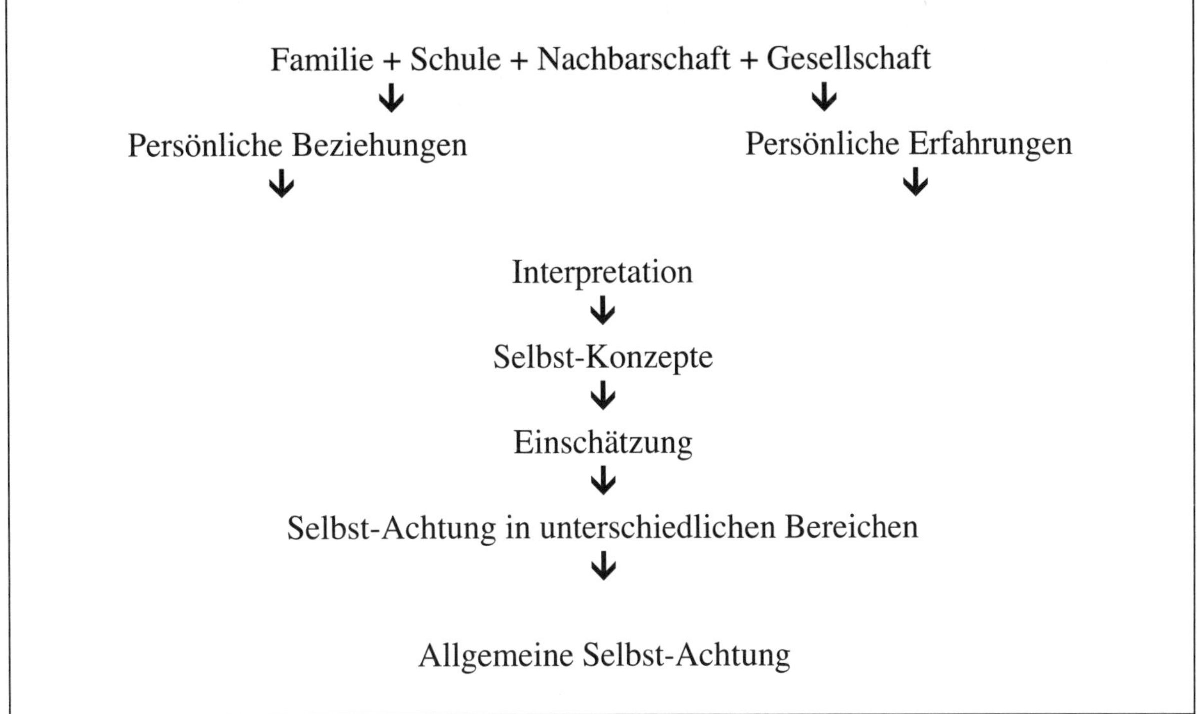

Coopersmiths Definition beleuchtet ein anderes Element von Selbst-Achtung: Es geht dabei nicht nur um eine Selbst-Einschätzung oder darum, sich im Hinblick auf die eigene Person gut zu fühlen; es handelt sich vor allem darum, ob wir glauben, „dass wir in der Lage sind, in unser Leben handelnd einzugreifen und die Ereignisse zu beeinflussen, die unser Leben bestimmen" (Bandura, 1977). Albert Bandura, der als Begründer einer eigenen sozialen Lerntheorie hervorgetreten ist, bezeichnet diese Wahrnehmung der eigenen Fähigkeit als „Selbst-Wirksamkeit" (self-efficacy). Forscher wie Coopersmith beschreiben solche unterschiedlichen Selbst-Bilder, die wir von uns haben, in Form von inneren Monologen, in denen wir uns unsere eigene Geschichte erzählen und uns dabei so beschreiben, wie wir uns sehen oder wie die anderen uns sehen. Und diese Geschichten, die wir als inneren Monolog uns selber erzählen, beeinflussen selbstverständlich auch die Art und Weise, wie wir uns selber fühlen, wie wir uns verhalten, wie wir lernen und uns mit anderen Menschen in Beziehung setzen. Wenn ich mich augenblicklich besonders gering achte, sagt mir mein innerer Monolog möglicherweise: „Ich bin einfach Schrott. Nichts kann ich so gut machen wie der Rest meiner Klasse. Niemand möchte sich mit mir befreunden. Alle denken sie, ich wäre blöd ..."

Man beachte die Wortwahl dieses Selbst-Gesprächs – nichts, niemand, alle – und dann noch die Tatsache, dass dieser Monolog apodiktische Aussagen macht: „Es ist so und es wird immer so sein …" Solche Monologe enthalten häufig einen durchgängigen Ton von Hoffnungslosigkeit. Die innere Geschichte wird so erzählt, als enthielte sie Fakten über das, was ich bin und wie andere mich sehen. Eine solche, von mir selbst erzählte Geschichte kann eine sich selbst erfüllende Prophezeiung werden, weil sie die Art und Weise prägt, wie ich mich heute und künftig mit anderen Menschen in Beziehung setze und ihnen ein Bild von mir gebe, das der Wirklichkeit in keiner Weise entsprechen mag, das aber von anderen aufgegriffen werden kann – vor allem wenn sie naiv sind oder mir nicht besonders gut gesinnt sind. So verstärkt sich mein negatives Selbstbild und wird von anderen bestätigt, weil sie mich nicht anders wahrnehmen. Indem ich an das falsche Bild von mir glaube, wird es zu einer Art zweiten Realität.

Ist es möglich, ein solches Muster sich selbst erfüllender Prophezeiung zu verändern? Zum Glück, ja! Es gibt viele verschiedene Möglichkeiten, mein Selbst-Bild zu verändern. Ich kann versuchen, einige meiner unterbewussten Bilder über mich ins Bewusstsein zu rufen und mit ihnen in konstruktiver Weise zu arbeiten (darüber berichten beispielsweise Glouberman, 2003; Hillman, 2002; Johnson, 1989; Plummer, 1999; 2005; 2009). Genauso kann ich auch mein nach außen gerichtetes Verhalten verändern. Oder ich variiere die Geschichte, die ich mir über mich erzähle. Tatsache ist: Welchen Ansatz ich auch immer wählen mag, Veränderungen in einer Dimension ziehen Veränderungen in den anderen Dimensionen nach sich – es ist nicht möglich, einen Aspekt alleine zu verändern, ohne nicht gleichzeitig alle anderen Aspekte zu beeinflussen, weil sie alle eng miteinander verbunden sind.

Wenn ich zum Beispiel die Geschichte verändere, die ich mir über mich selbst erzähle, verändere ich gleichzeitig die unterbewussten Bilder, die mein Verhalten beeinflussen, und handele künftig in einer Weise, die sich in Übereinstimmung mit meinen neuen Gedanken und Hoffnungen befindet.

Die Rolle der Erwachsenen

Wenn Kinder das Pech hatten, früh Erfahrungen zu machen, die negative Selbst-Bilder verstärkt haben, dann wird es großer Anstrengungen bedürfen, ihre Geschichte über sich selbst zu verändern und in ein positives Licht zu rücken. Manchmal verbergen die Kinder ihr negatives Selbst-Bild und machen es Erwachsenen schwer, dies zu erkennen oder auch nur zu vermuten. Das bedeutet, dass beobachtbares kindliches Verhalten uns nicht immer zuverlässige Informationen über das Niveau der kindlichen Selbst-Achtung liefert. Es weist aber auch darauf hin, dass Erwachsene sich über ihre grundlegende Rolle im Klaren sein müssen, um Kindern zu helfen, ihre Selbst-Achtung nicht nur zu entwickeln, sondern auch innerhalb der vielen Unsicherheiten, Unbeständigkeiten und Herausforderungen des alltäglichen Lebens aufrechtzuerhalten. Selbst-Achtung ist keine angeborene Eigenschaft

– sie entwickelt sich mit der Zeit –, und es gibt eine Menge, was Erwachsene tun können, um diese Selbst-Achtung zu ermutigen, zu prägen und zu verstärken oder aber einem Kind zu helfen, sie wiederzuerlangen, wenn sie aufgrund äußerer oder innerer Ereignisse beschädigt oder verloren gegangen ist.

Coopersmith hat auf die Frage: „Welche Voraussetzungen bringen ein Kind dazu, sich selbst wertzuschätzen und sich als wertvoll zu betrachten?", mit „elterlicher Wärme", „klar definierten Grenzen" und „respektvollem Umgang" geantwortet – und er hat hinzugefügt, diese drei Begriffe seien „wesentlich komplexer und ehrgeiziger als allgemein angenommen" (Coopersmith, 1977, S. VII).

Mit einem Wort: Kinder werden mit großer Wahrscheinlichkeit eine gesunde Selbst-Achtung entwickeln, wenn die bedeutsamen Menschen in ihrem Leben sie akzeptieren, nicht verurteilen und wenn die Kommunikation klar, eindeutig, also nicht in sich widersprüchlich ist. Wenn Kinder sich auf eine ursprüngliche Weise respektiert und als einmalige Individuen angenommen fühlen, dann ist die Wahrscheinlichkeit sehr hoch, dass sie sich selber wertschätzen, sich respektieren und annehmen.

In den letzten Jahren hat es eine Reihe von Untersuchungen gegeben, die zeigen, dass sowohl positive als auch negative Interaktionen auf die neuralen Verbindungen im Hirn eines im Mutterleib heranwachsenden Embryos entscheidenden Einfluss ausüben können. Die Neuropsychologin Lise Elliot beispielsweise fand heraus, dass ein Jahr alte Babys, deren Mütter bei der Geburt unter einer deutlichen Depression litten, andere neurale Prädispositionen zeigten als eine Gruppe von Kontrollbabys. Ich ziehe daraus den Schluss, dass in extremen Fällen mütterlicher Depression physiologische Effekte von zurückweisenden oder lieblosen Interaktionen zwischen Müttern und Babys den Prozess der Erholung von entwickelndem positiven Selbstwertgefühl entscheidend komplizieren und verzögern können.

Wir müssen uns darüber im Klaren sein

Als Folge der Untersuchungen von Coopersmith und anderer gab es in den 1990er-Jahren eine Fülle von Publikationen und Lehrbüchern zum Thema Selbst-Achtung. Das brachte in der Folge eine Gegenbewegung hervor – sie beruhte auf der Annahme, dass sich das populäre Konzept der Selbst-Achtung auf ein allgemeines Gefühl des mit sich selber im Reinen sein reduzieren ließe und auf diese Weise narzistische Tendenzen zum Nachteil anderer entwicklungsfördernder bzw. entwicklungshemmender Faktoren in den Vordergrund geschoben habe. Dagegen machten einige Psychologen geltend, dass Kinder und auch Erwachsene, die aktuelle narzistische Tendenzen zeigen, in der Tat unter einer geringen Selbst-Achtung leiden und diese Tendenz in ihren Bemühungen, sich selber in ein besseres Licht zu setzen, überkompensieren würden.

Wie auch immer man diesen Streit einschätzen mag, er unterstreicht die Bedeutung, die das Konzept der Selbst-Achtung für die Konzepte von Integrität und Bewusstsein hat. Wenn wir beispielsweise Spiele in einem therapeutischen oder pädagogischen Zusammenhang planen, müssen wir uns darüber im Klaren sein, warum wir solche Spiele ausgesucht haben, müssen uns im Klaren sein über die möglichen Effekte dieser Spiele und müssen gegenüber den Kindern voll „präsent" sein, um ihre Reaktionen und Interaktionen in diesen Spielen zu verstehen und die spontanen Lernprozesse wahrzunehmen, die innerhalb und zwischen den Mitgliedern der Spielgruppe entstehen.

Deshalb brauchen wir eine Reihe von Vorkehrungen, um auf wachsame und gleichzeitig wirkungsvolle Weise mit Spielen und spielenden Kindern umzugehen:

➢ Wir müssen auf den inneren Monolog der Kinder achten, also auf die Theorie, die sie über sich selber haben;
➢ wir müssen jedem Kind echte Wärme und Respekt entgegenbringen;
➢ wir müssen ein Bewusstsein dafür entwickeln, wie unser Handeln und unsere Worte das Selbst-Konzept der Kinder beeinflussen und damit auch die Ebene ihrer Selbst-Achtung;
➢ wir müssen den Kindern helfen, ihre Selbst-Wahrnehmung davon zu verbessern, wie ihr eigenes Verhalten andere Menschen beeinflusst;
➢ wir müssen den Kindern dabei helfen die Fähigkeit zu entwickeln, sich auf eine realistische Weise selbst einzuschätzen und zu bewerten;
➢ wir müssen den Kindern helfen zu verstehen, dass sich Selbst-Achtung in Form und Intensität aufgrund vieler unterschiedlicher Faktoren verändern kann, dass dies normal ist und keine negativen Auswirkungen auf die allgemeine Wertschätzung des Individuums haben muss.

Die fundamentalen Bestandteile einer gesunden Selbst-Achtung

Gesunde Selbst-Achtung setzt sich aus sieben fundamentalen Bestandteilen zusammen (Plummer, 2009). Diese Bestandteile werden am Anfang jedes einzelnen Blocks der von mir ausgesuchten Spiele im zweiten Teil des Buches kurz erläutert. Auch wenn einige Bestandteile mit Blick auf unsere Kinder von mehr oder weniger zentraler Bedeutung sind, bin ich sicher, dass es wichtig ist, alle sieben zu berücksichtigen, um Kindern zu helfen, einen gesunden Selbst-Wert zu entwickeln und aufrechtzuerhalten. Die Interaktion zwischen diesen sieben Elementen und der Selbst-Achtung ist ein Prozess wechselseitiger Verstärkung: Ein gesundes Maß an Selbst-Achtung wird die Entwicklung und Konsolidierung der sieben Bestandteile befördern und umgekehrt.

Wie kann man die Stufen kindlicher Selbst-Einschätzung messen?

Wenn ich Workshops über Selbst-Achtung anbiete, lautet die am häufigsten gestellte Frage: „Wie können wir Selbst-Achtung messen?" Diese Frage hat inzwischen an Bedeutung gewonnen, und Lehrer und andere Pädagogen fragen mich ständig nach dem „Vorher" und „Nachher", um Veränderungen zu erkennen, die hoffentlich den Interventionen zu verdanken sind. Ich verstehe dieses Bedürfnis nach handfesten Beweisen erfolgreichen Arbeitens in Gestalt von Maßangaben, aber eine eindeutige Antwort gibt es in diesem Fall nicht. Selbst-Achtung ist ein hypothetisches Konstrukt und kann nicht gemessen werden. Wir können Verhaltensweisen beobachten und messen, die als Ergebnis unterschiedlicher Ebenen von Selbstwertgefühlen interpretiert werden können. Alle Verhaltensweisen sind nicht immer eine spiegelbildlich genaue Wiedergabe von Gefühlen. Können wir uns deshalb darauf verlassen, Kinder nach ihren Gefühlen in unterschiedlichen Situationen zu fragen, oder brauchen wir eine Kombination unterschiedlicher Maßstäbe? Ich werde Ihnen im Folgenden in kurzen Worten drei unterschiedliche Instrumente empirischer Sozialforschung vorstellen, und Sie entscheiden, ob und wie Sie die Ergebnisse Ihrer Arbeit mit den Kindern mit diesen Messinstrumenten einschätzen können.

Die frühesten Instrumente, um die Selbst-Achtung von Kindern einzuschätzen, waren die „Selbstwertskala" von Rosenberg (1965) und das „Selbstachtungsinventar" von Coopersmith (1967). Rosenbergs Likertskala war entwickelt worden, um globale Gefühle von Selbst-Wert und Selbst-Akzeptanz bei Jugendlichen zu messen. Sie umfasst zehn Items (beispielsweise: „Ich kann Dinge so gut wie andere Leute auch machen."), die von den Kindern auf einer Skala zwischen „bin sehr dieser Meinung" bis hin zu „bin überhaupt nicht dieser Meinung" bewertet werden sollen. Es gibt auch eine andere Skala für Kinder unter elf Jahren von Rosenberg und Simmons (1972). Diese Skala umfasst positive und negative Gefühle im Hinblick auf das Selbst und ist vor allem wegen der einfachen Art, damit umzugehen und die Ergebnisse auszuwerten, populär geworden.

Coopersmiths ursprüngliches Selbst-Achtungs-Inventar (SEI) ist zu Forschungszwecken entwickelt worden, um die Haltung von Kindern gegenüber ihrem Selbst, sowohl im Hinblick auf eine generelle als auch eine spezielle Einschätzung unterschiedlicher Kontexte, zu messen. Dabei gibt es 8 Items, um die Reliabilität der kindlichen Antworten einzuschätzen, und 50 Statements, die zu einem Überblick über den allgemeinen Selbstwert der Versuchspersonen benutzt werden können. Sie befassen sich mit Haltungen gegenüber dem Selbst auf vier verschiedenen Gebieten: Schule, Gleichaltrige, Eltern und persönliche Interessen. Beispiele: „Oft wünsche ich mir, ich wäre ein anderer", „Im Umgang mit anderen bin ich sehr umgänglich", „Meine Eltern erwarten von mir zu viel" und „Ich finde es sehr schweißtreibend, vor der Klasse zu sprechen". Bei jedem Statement werden die Kinder gebeten, mit „ich bin so" oder „ich bin nicht so" zu antworten. Die meisten Statements basieren auf Vorarbeiten von Carl Rogers und Rosalind Dymond (1954) und wurden für die Anwendung bei Kindern zwischen acht und zehn Jahren neu formuliert. Kritisiert wurde dieses Inventar, weil es Reaktionen auf unterschiedliche Situationen des täglichen Lebens zu einer Maßzahl zusammenfasst und damit die möglicherweise bedeutsamen Unterschiede zwischen den einzelnen Lebensbereichen verschleiert (Harter, 1999, S. 5). Coopersmith hat ein weiteres Instrument (BRF), das aus 13 einzelnen Items besteht, für Lehrer entwickelt, um das Verhalten von Kindern einzuschätzen, die in der Schule versagen und Ermunterung und Bestätigung benötigen.

Die beiden zuletzt genannten Instrumente sind in dem Buch von Coopersmith nachzulesen („The Antecedents of Self-Esteem", 1967). Der Psychologe und Schulpädagoge Peter Gurney hat ein aus 37 Items bestehendes Instrument als revidierte Fassung vorgelegt, das GBRF, das seiner Meinung nach besonders für den Gebrauch bei Kindern in Sonderschuleinrichtungen zugeschnitten ist (Gurney, 1988, S. 39).

Es gibt darüber hinaus viele weitere Skalen , die sich mit Selbst-Konzepten befassen – einige von ihnen machen zusätzlich den Versuch, auch die Selbst-Achtung zu messen. Manche dieser Instrumente sind kritisiert worden, weil sie bei jüngeren Kindern nicht angewendet werden können und sie kulturelle und gender-spezifische Unterschiede außer Acht lassen (Butler & Gasson, 2005). Andere Skalen, die in diesem Zusammenhang entwickelt worden sind, stammen von Richard Butler (2001) und von George Kelly aus den 50er-Jahren des 20. Jahrhunderts.

Probleme bei der Quantifizierung von Befindlichkeiten und Gefühlen

Ich habe viel Zeit damit verbracht, die verschiedenen Skalen und anderen Messinstrumente auf ihre Tauglichkeit hin zu untersuchen. Dabei musste ich mir immer wieder vor Augen halten, dass unsere Arbeit in einem therapeutischen und pädagogischen Zusammenhang bedeutet, dass wir es mit besonders verletzlichen Kindern zu tun haben. Während wir die objektivierenden Messinstrumente anwenden und die Kinder um ihre Reaktionen bitten, sollten wir uns immer vor Augen halten, dass wir ihnen damit möglicherweise ein vollkommen falsches Verständnis vermitteln, nämlich dass Selbst-Einschätzung und Selbst-Bewertung in sich ruhende intrinsische Werte sind und wir entweder die richtige oder die falsche Portion davon in uns tragen. Kinder können eine unrealistische Selbst-Einschätzung haben, oder sie bemühen sich, die uns passend erscheinenden Antworten zu geben, obschon diese sich gar nicht mit ihren eigenen Gefühlen decken. Oder aber sie finden es schwierig, ihre Gefühle in bestimmten Situationen mit ihrem tatsächlichen Verhalten in Einklang zu bringen.

Vielleicht sind Checklisten für beobachtbares Verhalten von größerem Wert – nicht so sehr, weil sie Selbst-Achtung *messen,* sondern als ein Indikator für bestimmte Problembereiche der Kinder. Peter Gurney hat eine nützliche Checkliste möglicher Anzeichen geringer Selbst-Achtung bei Kindern von 5 bis 15 Jahren zusammengestellt (Gurney, 1988). Die Checkliste hat 49 Items, die persönliches Verhalten, soziales Verhalten und die Mitarbeit in der Schule umfassen. Gurney unterstreicht, ein Kind, das Probleme in nur einem dieser Felder hat, müsse nicht notwendig unter einer geringen Selbst-Achtung leiden und eine Checkliste stelle aus sich heraus keinen zuverlässigen Indikator dar. Sie sollte deshalb nur in Kombination mit einem Gespräch mit dem jeweiligen Kind und mit seinen Eltern oder anderen Bezugspersonen benutzt werden. Eine kurze Checkliste kann man auch in meinem Buch „(Wie) Kinder lernen, sich wertzuschätzen" (2009) finden. Auf lange Sicht gesehen ist die Selbst-Einschätzung von primärer Bedeutung für unsere Arbeit. Sie ist für die Mehrzahl der Kinder eine Fertigkeit, die man lernen kann und die wir gemeinsam über die Zeit hin entwickeln sollten. Dazu brauchen wir eine Menge Praxis, um Kinder in die Lage zu versetzen, sich selber bei der Arbeit zuzuschauen und ihr eigenes Verhalten und ihre eigenen Gefühle auf eine realistische Weise einzuschätzen. Dabei sollten wir auch die Entwicklungsperspektive der Kinder ins Auge fassen. Um sich selbst realistisch einschätzen zu können, müssen die Kinder an bestimmten kognitiven Meilensteinen angekommen sein. Dies schließt die Fähigkeit ein, sich mit anderen Kindern zu vergleichen, Unterschiede zwischen den tatsächlichen und den idealen Selbst-Konzepten zu machen, die Dinge aus unterschiedlichen Perspektiven zu sehen und die Unterschiede zwischen Anstrengung und Fähigkeit wahrzunehmen (Harter, 1999). Kinder sollten lernen zu verstehen, dass es möglich ist, im Hinblick auf die eigenen Fertigkeiten und in unterschiedlichen Situationen, Unterschiedliches zu leisten, und sie sollten fühlen und begreifen, dass dies normal ist.

Erwachsene können viel tun, um Kinder bei der Entdeckung der verschiedenen Aspekte ihres „Selbst" zu unterstützen. Der Königsweg, um dieses Ziel zu erreichen, ist, die Kinder in ihrem Spiel zu ermutigen und zu unterstützen.

4 Warum gerade Spiele?

Schon in den frühesten Phasen unserer kindlichen Entwicklung finden wir im Spiel etwas über uns heraus und über die Welt, in der wir leben: Spielerisch manipulieren wir unseren eigenen Körper – indem wir den Daumen in den Mund stecken oder Ähnliches mit dem großen Zeh versuchen; spielerisch gehen wir mit Tönen um, die wir selber produzieren – etwa wenn wir scheinbar sinnlose Silben plappern; spielerisch behandeln wir Gegenstände in unserer Reichweite – beispielsweise unsere Bettdecke; spielerisch gehen wir mit „einem bedeutsamen anderen" um – wenn wir Gesichtsausdruck und Körperbewegung unserer Pflegepersonen nachahmen oder wenn wir uns gegenseitig bei der Trennung zuwinken. Auf diese Weise lernen wir Schritt für Schritt, wer wir sind und wer „die anderen". Wir lernen die Anfänge der Gesetzmäßigkeit von Ursache und Wirkung – und wie sie sich umkehren können. Wir lernen sogar, mit unseren Gefühlen umzugehen – wenn wir Versteckspiele spielen und mit einem plötzlichen Verlust fertig werden, weil wir wissen, dass Verlorenes oder Verstecktes nicht dauerhaft verschwindet.

Diese gegenständlichen Spiele sind der Anfang. Von ihnen bewegen wir uns hin zu symbolischen Spielen – spielerisch manipulieren wir bestimmte Gegenstände als Symbole für andere wirkliche Dinge – bis zu den Fantasiespielen: „Ich bin die Mutter und muss jetzt das Baby füttern"; „Ich bin die Prinzessin, und du kannst die böse Hexe spielen" oder „Ich bin der Polizist und verfolge die Räuber". Indem wir unsere Vorstellungskraft wie einen Muskel betätigen, lernen wir Probleme zu lösen, mit Schwierigkeiten fertig zu werden, auf kindliche Weise die Widersprüchlichkeiten der Welt zu verstehen – wir machen diese kindlichen Erfahrungen auf eine ganz einfache und sichere Art und stärken dadurch unsere emotionale Widerstandskraft.

Spiele der einen oder anderen Art bieten den Kindern unschätzbare Möglichkeiten, die Konsequenzen eigenen Handelns zu erfahren und mit ihren unterschiedlichen Fertigkeiten zu experimentieren, ohne Angst vor dem eigenen Versagen oder vor einer Verurteilung durch die Umwelt. Das Spiel ist immer auch ein Hilfsmittel, mit dem Kinder ihre Sprachkenntnisse erweitern und konsolidieren können. Die Psychologin Catherina Garvey schreibt:

> Im Spiel kontrollieren wir unser Handeln freiwillig (und es ist ungefährlich, sollte die Ausführung mangelhaft sein). Das kann Kindern helfen, ihre Handlungsmöglichkeiten zu verbessern und zu integrieren … Handeln sie später dann in einer echten Situation, wirken sie besser trainiert, besser integriert und verfügen über einen reicheren und größeren Erfahrungsschatz. So gesehen ist das Spiel ein Erfahrungsraum für den Spieler und kann seine Wirksamkeit in der echten Welt steigern (Garvey, 1977, S. 118).

Vivian Paley, die als Erzieherin im Kindergarten arbeitet, hat die Erfahrung gemacht, dass Kinder im Spiel ihren Schwerpunkt auf Themen und Handlungen legen, die ihnen in ihrem Tagesablauf am wichtigsten sind. In ihrem bemerkenswerten Buch, „Der Junge, der ein Hubschrauber sein wollte", beschreibt sie die Bilder, die Gesichter und die Riten spielender Kinder:

> Sie benutzen vor allem ihre Fantasie und ihre Freundschaft zu anderen Kindern, um Angst und Einsamkeit zu vermeiden und um eine entspannte Beziehung zu Ereignissen und zu Menschen herzustellen. Im Spiel sagen Kinder: „Ich *kann* das schon gut"; „Ich bin das schon richtig"; „Ich *verstehe*, was mir und anderen Kindern jetzt geschieht" (Paley, 1991, S. 10).

Aber wie passen Spiele unseres Buches mit der magischen Welt des Freispiels zusammen, das die Autorin eben beschrieben hat? Vivian Paley definiert Spiele als spielerische Aktivitäten, die durch „explizite Regeln strukturiert werden, die den Kindern sprachlich auf eine verständliche Weise vermittelt werden müssen". Die Fähigkeit, Regelspiele zu spielen, ist im Alter von fünf Jahren meist voll entwickelt, obwohl sie in Ansätzen bereits bei sehr kleinen Kindern auftaucht. Schon im Alter von drei Jahren können Kinder recht gut die unausgesprochenen Regeln von Familienspielen verstehen und sich an ihnen beteiligen. Im Alter von fünf Jahren sind viele Kinder schon in der Lage zu warten, „bis sie an der Reihe sind", und die unvermeidliche Enttäuschung zu ertragen, wenn sie in einem Konkurrenzspiel ausscheiden müssen. Sie haben gelernt, Regeln und Konventionen zu folgen und dabei ihre Gefühle unter Kontrolle zu bringen.

Regelspiele haben einen klaren Anfang, ein definiertes Ende und folgen einem Schema, das von allen Spielern akzeptiert wird und deshalb auch von anderen Spielern zu anderen Zeiten in anderen Situationen maßstabsgetreu wiederholt werden kann. Sie sind vorausschaubar und verbreiten Sicherheit, selbst wenn das einzelne Spiel unheimlich sein kann.

Opie und Opie haben in den 1960er-Jahren Spiele, die Kinder auf der Straße gespielt haben, registriert und analysiert. Sie schreiben:

> Kinder mögen Spiele mit einem beträchtlichen Anteil an Zufall oder Glück, sodass die individuellen Fertigkeiten nicht direkt miteinander verglichen werden können. Kinder mögen Spiele, die automatisch wieder von vorne beginnen, wenn ein Sieger ermittelt worden ist, denn auf die Weise bekommt jeder Mitspieler seine Chance. Kinder mögen Spiele, bei denen Rollen und Situationen im Rotationsverfahren wechseln: Die Wahl der Spielführerin, der Seitenwechsel bei Bewegungsspielen, die Entscheidung, welcher Mitspieler beginnen darf … Manche dieser Straßenspiele, vor allem wenn sie von kleinen Kindern gespielt werden, ähneln eher einer Zeremonie als einem Wettkampf. Bei diesen Spielen erlangen die Kinder eine Gewissheit, die sich durch Wiederholung einstellt, und es entsteht ein Zugehörigkeitsgefühl, weil alle das Gleiche tun und die gleiche Chance haben (Opie & Opie, 1976, S. 40–41).

Im Alltag müssen sich Kinder ständig durch ein Gestrüpp von Regeln bewegen, die von Erwachsenen aufgestellt worden sind. Manchmal sind diese Regeln allgemein bekannt, oftmals sind sie aber auch unklar und unausgesprochen – man geht davon aus, dass sie allgemein bekannt sind. Spielregeln sind hingegen sehr speziell und können für Kinder unglaublich wichtig werden, denn Kinder, die die Spielregeln andauernd verletzen, werden vom weiteren Spiel ausgeschlossen.

Es gibt Kinderspiele, die kulturspezifisch sind, und andere, die wir in unterschiedlichen Kulturkreisen finden. Sie erfüllen dann häufig allgemeine Funktionen in der seelischen, körperlichen und geistigen Entwicklung der Kinder. Forscher glauben herausgefunden zu haben, dass eine Beziehung zwischen bestimmten Spielen und der Bedeutsamkeit bestimmter Erziehungsprinzipien besteht. Strategiespiele und die Betonung von individueller Verantwortung passen zusammen; Geschicklichkeitsspiele und die Betonung individueller Fertigkeiten; schließlich auch Glücksspiele und die Betonung von Unterwürfigkeit.

Natürlich gibt es keine einzelne Methode und kein bestimmtes Spiel, die garantieren könnten, allen Kindern bei der Lösung bestimmter Probleme zu helfen und vorausschaubare Reaktionen hervorzurufen. Allerdings können wir als Erzieherinnen und Teamer, die wir dauerhaft mit einer Gruppe von Kindern zu tun haben, Hypothesen über die Wahrscheinlichkeit entwickeln, mit der bestimmte Kinder, die wir kennen, auf bestimmte Spiele reagieren werden. Denn die Art und Weise, wie sie sich in einer bestimmten Spielsituation verhalten, spiegelt ihre bisherigen Lebenserfahrungen wider und erlaubt deshalb auch Vorhersagen über das Verhalten in anderen, vergleichbaren Situationen. Auch ohne den diagnostischen Blick und ohne überzogene Verallgemeinerungen kindlicher Verhaltensweisen können wir im Hinblick auf Regelspiele bestimmte Voraussagen über die Kinder machen, die wir im Auge haben. Sind es Kinder, die eine lange Anwärmzeit brauchen, um sich an ein neues Spiel zu gewöhnen? Gibt es Kinder, die sehr schnell die Verantwortung übernehmen? Was passiert, wenn einige Kinder frustriert werden und nicht warten können, bis sie an der Reihe sind? Sind sie in der Lage, ihren eigenen Fortschritt zu erkennen und den ihrer Mitspieler? Verhalten sie sich unabhängig von ihren Mitspielern, oder schauen sie zunächst einmal, was die anderen tun? Sind sie in der Lage, in unterschiedlichen Spielen eine unterschiedliche Rolle einzunehmen und sie mit Begeisterung zu spielen?

Die zuletzt genannte Frage führt mich zu Vermutungen über die Fähigkeit unserer Kinder, sich zu verändern. Meine eigene therapeutische und pädagogische Arbeit basiert auf einer humanistischen Grundlage. Im Hinblick auf die Arbeit mit kindlichen Spielen bedeutet das zunächst, dass alle Kinder – unabhängig von ihren augenblicklichen Fertigkeiten – innerhalb ihrer Ressourcen das Potenzial zu Wachstum und Veränderung besitzen. Wie klein oder wie groß auch immer dieses Potenzial sein mag – die Fähigkeit, auf unterschiedliche Situationen flexibel zu reagieren, und die Fähigkeit, aus dem eigenen Handeln Konsequenzen zu ziehen, ist Teil meines humanistischen Weltbildes. Im Spiel, vor allem auch im Regelspiel, kann dieses Potenzial auf die Probe gestellt und erweitert werden. Dabei sollten wir uns immer vor Augen führen, dass die Fähigkeiten von Kindern, zu lernen und zu wachsen, in den unterschiedlichen Entwicklungsstadien nicht gleichmäßig sichtbar und wirksam sind und wir deshalb Geduld haben müssen und uns vor vorschnellen Verallgemeinerungen hüten sollten.

Kinderspiele als Lernmöglichkeiten

Von David Cohen stammt das Zitat: „Kinder sind die wahren Spielexperten. Das Spiel ist ihre eigentliche Beschäftigung, und trotzdem glauben wir Alten, die wir längst außer Übung sind, dass wir sie spielen lehren könnten!" (Cohen, 1993, S. 13). Eine solche Bemerkung bestärkt mich in der Überzeugung, dass strukturierte Regelspiele als Teil eines integrierten Prozesses, um Selbst-Achtung und Selbst-Vertrauen zu lernen und zu festigen, mit Augenmaß und Vorsicht ins Spiel gebracht werden sollten. Kinder experimentieren in einer großen Brandbreite von Lebens- und Überlebenstechniken (und nicht nur mit denen, bei deren Training wir behilflich sein wollen!), und dabei lernen sie immer wieder von Neuem von den Spielen, die sie selber und ohne unser Zutun spielen. Diese Spiele und die Fähigkeit der Kinder, sie kompetent zu spielen, sollten wir nicht als eine Meßlatte missbrauchen, mit der wir die Fähigkeiten und Fertigkeiten unserer Kinder einschätzen. Die Spiele sind vielmehr einzelne Schritte zur Bildung und Aufrechterhaltung von Selbst-Achtung und Selbst-Vertrauen – Schritte, die immer wieder von Neuem gegangen und ins Bewusstsein zurückgerufen werden müssen, wenn sie ihre eigentliche Wirkung entfalten sollen.

Spiele sind nicht nur als ein Mittel anzusehen, um Fertigkeiten zu üben, die zu erwerben unsere Kinder bisher Schwierigkeiten hatten. Sie können auch als präventive Maßnahmen angesehen werden, um Kinder besser auf künftige mögliche Schwierigkeiten vorzubereiten – um zu verhindern, dass sie überhaupt auftreten. Im Anhang werde ich eine Liste von Lernbeispielen geben, die dabei im Spiel sind oder ins Spiel gebracht werden können.

Zweifellos könnte ich noch eine Menge über die konkreten Situationen sagen, in denen Kinderspiele arrangiert werden können. Ich könnte auch die unterschiedlichen Gruppen charakterisieren, in denen diese Spiele ihren Platz finden: die Schulklasse, Gruppen, die Beschäftigungstherapie betreiben, Sprech- und Sprachtherapie und viele andere mehr. Das folgende Kapitel befasst sich aber allgemein mit Spielgruppen und Spielen in Gruppen und im Besonderen mit der Verantwortung, welche Teamer als Spielmacher haben, um in diesen Gruppen ein emotionales Klima zu schaffen, das die Wirkung dieser Spiele begünstigt.

5 Arbeit in und mit Gruppen

Dieses Buch ist kein gruppenpädagogisches Handbuch. Aber um als Teamerin Spiele zur Stärkung von Selbst-Achtung und Selbst-Vertrauen wirkungsvoll zu initiieren, sollten wir uns ein paar gruppenpädagogische Erkenntnisse vor Augen halten.

Die Wirkung von Gruppen auf das individuelle Handeln

In der Mitte des 20. Jahrhunderts hat es im angloamerikanischen Sprachraum eine Fülle von empirischen Untersuchungen über Gruppen und die Wirkung von Gruppen auf das individuelle Verhalten und Handeln einzelner Mitglieder gegeben. Die meisten dieser Untersuchungen haben gezeigt, dass einzelne Menschen ihre Leistungen verbessern können, wenn andere ihnen dabei zusehen oder sich sogar an der gemeinsamen Arbeit beteiligen (soziale Unterstützung). Es wurde aber auch und immer wieder beobachtet, dass die Anwesenheit Dritter Menschen in ihrer Leistungsfähigkeit behindert hat (soziale Behinderung). Andere Forscher beschäftigten sich weniger mit der Frage der An- bzw. Abwesenheit anderer, sondern fragten nach unterschiedlichen Formen des Selbst-Bewusstseins der Handelnden. Sie gingen davon aus, dass wir uns im Bewusstsein von Unterschieden zwischen unserem aktuellen Selbst (unserem Selbstbild) und unserem „idealen Selbst" bewerten. Ich habe schon darauf hingewiesen, dass die Differenz zwischen beiden Werten einen Indikator über das Niveau unserer Selbst-Achtung zu einem gegebenen Zeitpunkt darstellt. Wird die Differenz zu groß und ist die Arbeit zu schwierig, dann kann die Kluft zwischen unserem wahrgenommenen Selbst und dem idealen Selbst dazu führen, dass wir „aufgeben". Ist die Kluft hingegen klein und die Aufgabe vergleichsweise lösbar, dann sind wir meist motiviert genug, um die beiden Aspekte unseres Selbst handlungsorientiert einander anzunähern.

Was können wir mit solchen Informationen anfangen, wenn es darum geht, Regelspiele in Gruppen von Gleichaltrigen zu spielen? Die Antwort ist einfach: Spiele ohne Gewinner und Verlierer sind eine Möglichkeit, um unsere realistische Selbst-Wahrnehmung anzuregen, ohne dass wir uns dem Wettkampfdruck von Gleichaltrigen aussetzen müssen. Unsere Selbst-Einschätzung kann dann in einer einigermaßen sicheren Atmosphäre stattfinden und entwickelt ein Potenzial, das Motivation und Performanz eher ermutigt als sie zu behindern. Die vorgesehenen Spiele sollten einen gewissen Grad an Herausforderung enthalten, aber nicht zu schwierig sein. Sie sollten bereits vorhandene Fertigkeiten aktivieren und gleichzeitig neue Fertigkeiten und Einsichten lehren und verstärken. Wir sollten auch sicherstellen, dass alle Gruppenmitglieder (auch Angehörige in familiären Spielgruppen) sich unterstützend und nicht konkurrenzorientiert verhalten. Selbst Spiele, die vorgeblich „nicht konkurrenzorientiert" sind, können manchmal in Konkurrenzspiele umgedeutet werden und so das erschütterte Selbst-Vertrauen verwundbarer Kinder aufs Neue beschädigen. Wir sollten uns deshalb besonders mit dem emotionalen Klima beschäftigen, in dem solche Spiele gespielt werden sollten.

Das emotionale Klima und seine Struktur

Die bekannte Familientherapeutin Virginia Satir schrieb:

> Gefühle eigener Wertschätzung können nur in einer Atmosphäre gedeihen, in der individuelle Unterschiede anerkannt werden, in der Fehler nicht angekreidet werden, in der Kommunikation offen und Regeln flexibel gehalten werden – dies ist eine Atmosphäre, wie wir sie in einer nährenden Familie finden (Satir, 1972, S. 26).

Um diese nährende Atmosphäre zu fördern, sollte man die drei von Carl Rogers vorgeschlagenen Kernelemente einer unterstützenden Beziehung als nützliche Begriffe immer im Gedächtnis behalten. Es handelt sich dabei um Empathie, voraussetzungslose positive Wertschätzung und „Echtheit" (Kongruenz).

Empathie

Empathie ist ein Begriff, der häufig gebraucht und ebenso häufig missverstanden wird. Rogers eigene Definition betont die tief greifende und kraftvolle Natur einer als empathisch bezeichneten Beziehung:

> Sie bedeutet das Eintreten eines Menschen in die private Wahrnehmungswelt eines anderen, in der er nun wirklich heimisch wird. Dies bedeutet, dass ich mich in jedem Augenblick sensibel gegenüber den veränderlichen Bedeutungen verhalte, die in dieser anderen Person gelten, sensibel gegenüber der Furcht, der Wut, der Zärtlichkeit, der Verwirrung oder jeder anderen Befindlichkeit, die ich an meinem Gegenüber wahrnehme. Es bedeutet in der Tat, dass ich für eine bestimmte Zeit das Leben des anderen lebe, dass ich mich in ihm bewege, ohne dieses andere Leben zu bewerten; es bedeutet auch, dass ich Bedeutungen wahrnehme, Gefühle, die er selber im Augenblick nicht wahrnimmt; dass ich aber auch nicht versuche, unbewusste Gefühle zu entschleiern, weil dies zu bedrohlich werden würde ... Und es bedeutet schließlich ein dauerhaftes Überprüfen der eigenen Wahrnehmung durch Rückkoppelung mit dem anderen, und es bedeutet schließlich, sich von den Botschaften leiten zu lassen, die man vom anderen empfängt (Rogers zitiert nach Hargarden & Sills, 1980, S. 35).

Uneingeschränkte positive Wertschätzung

Dieser Begriff bezieht sich auf die allgemeine Haltung des Pädagogen oder Therapeuten gegenüber dem anderen. Er bedeutet, diesen anderen so einzuschätzen, zu respektieren, wie er ist (und nicht wie ich ihn sehen möchte), also eine „dauerhafte positive Haltung ohne Einschränkungen und ohne eigene Bewertungen" (Rogers, 1976, S. 62).

Echtheit

Echtheit oder Kongruenz bezieht sich auf die Art und Weise, in welcher der Pädagoge oder Therapeut sich seiner eigenen Gefühle und Verhaltensweisen gewahr ist und ihnen treu bleibt – unabhängig von der möglicherweise anderen Position des Gegenübers. Rogers geht davon aus, dass diese Kongruenz ein Vertrauensverhältnis erzeugt, wenn der andere fühlt, dass er es mit einem Gesprächspartner zu tun hat, der aufrichtig ist.

Im praktischen Alltag können Teamer diese drei Elemente auf verschiedene Weise veranschaulichen. Dabei sollten folgende vier Bereiche sorgfältige Berücksichtigung finden:

➢ Rollen, Spielregeln und Grenzen des Verhaltens,
➢ das Verständnis und die Bewertung von Emotionen,
➢ unterstützendes Lob,
➢ eine reflektierende Praxis.

Rollen, Spielregeln und Grenzen

Neue Spiele können auf einige Kinder bedrohlich wirken. Wir brauchen deshalb Zeit, um Vertrauen innerhalb der Gruppe und zwischen uns und den Kindern der Gruppe aufzubauen. Vertrauen wird am ehesten aufgebaut, wenn Rollen, Spielregeln und Grenzen zu Beginn der Gruppenarbeit kurz deutlich und klar dargestellt werden. Das kann Kindern helfen, sich „aufgehoben" und sicher zu fühlen. Dazu gehört es, dass wir zu Beginn einer Gruppensitzung ganz deutlich darlegen, was für diese Sitzung geplant ist und was uns alle das nächste Mal erwarten wird. Etwa: „Wir beginnen heute mit einem Spiel, das zehn Minuten dauern wird. Danach machen wir etwas anderes, nämlich …", und „wir werden in Zukunft jede Sitzung mit einer kurzen Spielphase von einer Viertelstunde beginnen und anschließend … Zum Schluss werden wir …" Es ist Sache der Teamerin, den Ton vorzugeben und dabei eine eindeutige, aber faire Haltung an den Tag zu legen, um Missverständnisse zu vermeiden; beispielsweise die möglichen Störungen von Kindern, die sich immer wieder aufspielen oder die von anderen Kindern verlacht werden, weil sie angeblich die Regeln nicht verstehen. Solche deutlichen, aber freundlichen Ankündigungen werden den Kindern helfen, sich innerhalb der Struktur des Spielnachmittags sicher zu fühlen, und geben ihnen Gelegenheit, zu experimentieren und verschiedene Möglichkeiten auszuprobieren, um ihr Selbst-Konzept und ihre Selbst-Bewertung ohne Furcht vor harscher Kritik der Gleichaltrigen oder des Erwachsenen zu erweitern.

Der Facettenreichtum der meisten Spiele bedingt, dass die Teamer bei Spielsitzungen mit kleinen Kindern mehrere Rollen ausfüllen müssen. Wichtig ist dabei die Entscheidung, welche Rollen übernommen werden müssen. Die Hauptrollen können sich im Laufe der Zeit und im Verlauf der einzelnen Spiele verändern und entwickeln, aber ein entschiedenes Auftreten, an dem sich die Kinder orientieren können, hilft bei der Strukturierung. Denkbar sind folgende möglichen Rollen:

➢ Lehrer/Ideengeber
➢ Teamer/Mutmacher/Ermöglicher
➢ Helfer/Unterstützer
➢ Mediator/Vermittler/Schlichter
➢ Beobachter
➢ Teilnehmer
➢ Forscher/Informationssammler/Gutachter
➢ Supervisor
➢ Spaßmacher

Sie sollten überlegen, ob sich die Rollen, die Sie sich ausgesucht haben, widersprechen, und wenn dies der Fall ist, auf welche Sie sich konzentrieren möchten. Vielleicht brauchen Sie eine zweite Person als Teamerin, die die konfligierende Rolle übernimmt.

Und wie steht es mit den Rollen der Kinder? Verändern sie sich im Laufe der Zeit (sodass Teilnehmer beispielsweise die Möglichkeit haben, sich als Spielmacher zu profilieren oder als „Ideengeber" oder als „Lehrer")? Kinder, die die Spielregeln verstehen und sie den anderen erklären können, werden beispielsweise in die Rolle eines Schlichters oder Spielkoordinators hineinwachsen, der andere anleitet und sicherstellt, dass die Regeln auch verstanden und befolgt werden. Auch die distanzierte Beobachtung des Spielablaufs kann eine wichtige Aufgabe sein und von Kindern übernommen werden, die Schwierigkeiten haben, von vornherein aktiv mitzuspielen.

Und dann gibt es noch zwei übergeordnete Regeln, die von den Teamern immer wieder deutlich gemacht werden sollten:

➢ Kinder sollten immer die Wahl haben, am Spiel teilzunehmen oder nicht mitzuspielen.
➢ Kinder, die zunächst zögern und sich nicht am Spiel beteiligen möchten, können jederzeit mit einem entsprechenden Signal ihren Wunsch äußern und in das Spiel einsteigen.

Gefühle verstehen und bewerten

Kleine Kinder ordnen Gefühlen häufig bestimmte Werte zu. Es gibt Gefühle, die sind in Ordnung, und es gibt Gefühle, die nicht in Ordnung sind. Es gibt „gute" Gefühle und „schlechte" Gefühle. Viele ältere Kinder behalten diese Bewertung von Gefühlen bei, vielleicht weil sie Erwachsene selten über Gefühle sprechen hören oder weil ihnen häufig gesagt wurde, dass sie bestimmte Gefühle unterdrücken sollten – „sei nicht so zornig", „reg dich nicht auf" usw. Als Folge dieser Verleugnung stauen sich bei diesen Kindern die unterdrückten Gefühle an oder sie hören auf, den eigenen Gefühlen zu trauen. Die Botschaft für sie lautet: „Hör nicht auf das, was du fühlst." Wenn sich Kinder aber nicht mehr dessen bewusst sind, was sie fühlen, dann werden sie sich vielleicht auf andere Art äußern, und das beeinflusst ihren Umgang mit anderen. Zum Beispiel kann sich das

Anfangsgefühl, „ich fühle mich schlecht", nach einer schwierigen Begegnung als Wut äußern. Oder sie verwechseln berechtigte Wut mit dem Gefühl, verletzt worden zu sein, und leugnen so die Wut.

Wie kann man Kindern helfen, konstruktiv mit den eigenen Gefühle umzugehen? Der Schlüssel für die Antwort liegt darin, Gefühle zuzulassen und anzunehmen. Wenn beispielsweise ein Kind sagt: „Ich hasse dieses Spiel, es ist so kindisch!", dann sollten wir über das Gefühl nachdenken, das möglicherweise hinter dieser Aussage steht. Wir sollten Interpretationen vermeiden und uns auf das beschränken, was wir sehen, was wir hören und was wir fühlen. Wir sollten eher verstehen als bestreiten. Antworten wie: „Aber den anderen macht das Spiel doch auch Spaß!", oder: „Du hast es einfach noch nicht versucht", können möglicherweise zu einer negativen Reaktion führen. Wenn wir aber eine plausible Vermutung über die hinter der Äußerung des Kindes stehenden Gefühle haben und sie in Worte kleiden können, klingt das ganz anders aus: „Es ist ein sehr lautes Spiel, und ich habe bemerkt, dass es manchmal schwer ist, meine Erklärungen zu verstehen. Ich kann mir denken, dass du mehr Spaß hättest, wenn du näher bei mir stehen würdest."

Loben

Zu loben ist möglicherweise wie eine heiße Kartoffel, die man nur vorsichtig in die Hand nehmen sollte! Das Lob ist von geringem Wert, wenn es nicht von Herzen kommt oder keine persönliche Bedeutung für das Kind hat. Wenn das Lob nicht übereinstimmt mit dem Selbst-Konzept und der Selbst-Bewertung des Kindes, wird es das Lob möglicherweise als unecht zurückweisen. Und manchmal verbinden wir Erwachsenen unglücklicherweise ein wirkliches Lob mit einer Nachbemerkung, die dieses Lob entwertet. Beispielsweise:
➢ „Ein schönes Bild – aber du hast die Augen vergessen!"
➢ „Du hast dein Zimmer richtig gut aufgeräumt – warum machst du es eigentlich nicht immer so?"
➢ „Ich wusste doch, dass du gut bist im Rechnen – du musst dich eben nur richtig konzentrieren."

Der beste und wirkungsvollste Umgang mit dem Loben besteht meiner Erfahrung nach darin, dass wir es bei sehr speziellen Anlässen anwenden, dass wir es ehrlich meinen und dass es immer möglichst eine beschreibende Qualität haben sollte, indem es das wiederholt, was wirklich lobenswert ist. Adele Faber beschreibt in einem ihrer Bücher eine Situation, in der ihre vierjährige Tochter mit einem gekritzelten Bild nach Hause kommt, das sie im Kindergarten gezeichnet hat. Sie fragt die Mutter: „Ist das Bild gut?", daraus ergibt sich das folgende Gespräch:

„Ich sehe, du hast Kreis, Kreis, Kreis gemalt … Welle, Welle, Welle … Punkt, Punkt, Punkt, Punkt, Punkt, Punkt, Punkt und Querstrich, Querstrich!"

„Ja!", sagte die Tochter und strahlte.
Die Mutter fragte: „Wie bist du bloß darauf gekommen?"
Die Tochter dachte nach: „Weil ich eben Künstlerin bin."
Die Mutter dachte: „Das ist eine bemerkenswerte Entwicklung. Ich beschreibe etwas, und mein Kind lobt sich dafür selbst" (Faber & Mazlish, 1982, S. 176).

Solch ein beschreibendes Lob kann sehr wirkungsvoll sein. Statt zu sagen: „Du hast dieses Spiel sehr gut gespielt", oder: „Du bist eine brillante Malerin", könnten Sie beschreiben, was das Kind genau gut gemacht hat: „In diesem Spiel hast du sehr konzentriert zugehört und deswegen wusstest du ganz genau die Lösung. Gut gemacht!", wäre ein Beispiel für das substantiierte Lob, das die Autorin meint.

Reflektierende Praxis

Die meisten Gruppen profitieren davon, mindestens zwei Teamer zu haben, denn es ist sehr schwierig, eine Gruppe zum Spielen zu bringen und dabei gleichzeitig alles zu registrieren, was innerhalb der Gruppe zwischen den einzelnen Mitgliedern vor sich geht. Zu zweit haben Sie die Gelegenheit, Beobachtungen, Bemerkungen und Ideen auszutauschen, den Verlauf besser zu verfolgen und dabei die Verantwortung aufzuteilen, um die jeweilige Sitzung zu planen, durchzuführen und zu evaluieren. Genauso wichtig ist es für jede Teamerin, im Anschluss an die Sitzung noch einmal über ihre Fertigkeiten als Gruppenleiterin nachzudenken. Es ist viel schwerer, wenn Sie diese Reflexionsphase nur selten oder gar nur manchmal in der planmäßigen Supervision erleben. Ich weiß aus eigener Erfahrung, wie anstrengend es sein kann, die Gruppe zum Laufen zu bringen und gleichzeitig ein Auge auf jedes einzelne Kind zu haben, und ich kann mir sehr gut denken, welche Herausforderung es für Lehrer darstellt, ständig die ganze Klasse im Auge zu haben, den Lehrstoff präsent und gleichzeitig Lehrziele für einzelne Kinder in der Klasse zu entwerfen. Die Reflexion der eigenen Praxis ist eine wichtige Voraussetzung, um die Qualität der eigenen Arbeit zu bestimmen. In diesem Zusammenhang sollten wir uns auch Klarheit über unsere eigenen Gefühle und Bedürfnisse verschaffen, denn die Art und Weise, wie wir handeln, hat eine direkte Wirkung auf die uns anvertrauten Kinder. Heutzutage haben die meisten akademischen Berufe eigenen Richtlinien, um über ihre Anwendung zu reflektieren. Die folgenden Vorschläge dienen der Unterstützung und Ergänzung bereits bestehender Richtlinien. Ehe Sie eine neue Spielrunde starten, schlage ich Ihnen ein paar Fragen vor, die Sie für sich selber beantworten können.

➤ Was gehört zu meiner Rolle als Spielmacherin?
➤ Warum werden wir gerade diese Spiele spielen?
➤ Was sind meine Ziele? Was das beabsichtigte Ergebnis?
➤ Woran kann ich erkennen, dass meine Ziele und beabsichtigten Wirkungen erreicht worden sind?
➤ Wie stehe ich persönlich zu jedem einzelnen Spiel?

➤ Sind die Spiele angemessen bezogen auf das Alter meiner Kinder/ihren kulturellen Hintergrund/ihr Geschlecht, also für Jungen wie für Mädchen?
➤ Kenne ich die „Regeln" der Spiele?
➤ Was wird vermutlich in der kommenden Sitzung gut gehen?
➤ Wer in meiner Gruppe wird möglicherweise die Spiele schwierig/herausfordernd/leicht finden?
➤ Wird es notwendig sein, ein Spiel oder mehrere Spiele zu variieren bzw. anzupassen, um die Teilnahme der gesamten Gruppe zu gewährleisten?
➤ Wie kann ich mit Verhaltensweisen umgehen, die die Gruppe möglicherweise sprengen? Gibt es vielleicht ein Gruppenmitglied, das mich unterstützen kann, wenn es Not tut?
➤ Was mache ich, wenn ein Kind eine andere Version des Spieles vorschlägt und möchte, dass wir es so spielen?
➤ Habe ich jetzt das Gefühl bereit zu sein?

Am Ende der Spielsitzung sollten Sie so bald wie möglich eine Verschnaufpause nutzen, um über die Spiele nachzudenken, die Sie ausgewählt hatten. Was lief gut? Gab es die eine oder andere Schwierigkeit? Welche Fertigkeiten haben Sie ins Spiel gebracht? Waren die Fragen hilfreich, die Sie sich vor der Sitzung gestellt haben?

Und denken Sie bitte immer daran, dass solch anschließendes Nachdenken nicht dazu dient, die eigenen Fähigkeiten infrage zu stellen. Es dient vielmehr dazu, die eigenen Fertigkeiten in den Blick zu nehmen und Lernprozesse einzuleiten, um in Zukunft besser durch die Schwierigkeiten des Alltags zu navigieren.

Das war der theoretische Einstieg in das Spielbuch, und nun beginnen wir zu spielen!

Teil II
Die Spiele

6 Wie wir Gruppen zusammensetzen und ihre Spielleiter auswählen

Es ist gut, wenn wir über mehrere unterschiedliche Methoden verfügen, Kinder in einzelne Gruppen oder Paare einzuteilen und jemanden zu bestimmen, das Spiel zu leiten. Auch das sollte auf spielerische Weise geschehen. Dabei sollten wir peinliche Situationen vermeiden: Einzelne Kinder sollen nicht ängstlich darauf warten müssen, von einer übergeordneten Person ausgewählt und einer bestimmten Untergruppe zugeordnet zu werden. Es sollten aber auch nicht immer dieselben Kinder, die sich schon sehr aneinander gewöhnt haben, in immer gleichen Gruppen zusammenarbeiten. In spielerischer Form soll das Zufallsprinzip dazu dienen, Gruppen zu bilden und Spielleiter zu finden.

Wer wird Spielführer?

- Sie haben so viele zusammengefaltete Lose vorbereitet, wie Kinder in der Gruppe sind. Alle Lose sind Nieten bis auf ein Los mit der Inschrift: „Du leitest das nächste Spiel." Jedes Kind zieht ein Los, wer das beschriftete Los gezogen hat, ist Spielleiter.
- Sie können auch reihum das Kind zum jeweiligen Spielleiter machen, das Geburtstag im Januar hat. Das nächste Mal ist der Geburtstag im Februar dran usw. Haben mehrere Kinder im gleichen Monat Geburtstag, so entscheidet die Reihenfolge der einzelnen Tage.

Welche Kinder bilden ein Paar?

- Die Kinder sitzen im Kreis. Sie zählen die erste Hälfte des Kreises durch (von eins bis sieben). Dann zählen sie die zweite Hälfte des Kreises wieder von eins bis sieben durch. Folglich arbeiten die „Einser" in Paaren zusammen, die „Zweier" usw.
- Sie legen den gleichen Gegenstand doppelt in einen Zauberhut, insgesamt so viele, wie Kinder in der Gruppe sind. Dann zieht jedes Kind einen dieser Gegenstände, und die Paare finden sich zusammen.
- Die Kinder stehen mit geschlossenen Augen und nach vorn ausgestreckten Armen in einem großen Kreis. Nacheinander tritt ein Kind mit geschlossenen Augen im Kreis vorsichtig nach vorn, bis es ein anderes Kind berührt. Es öffnet die Augen, und die beiden sind ein Paar.

Welche Kinder bilden eine Gruppe?

- Die Kinder sitzen in einem großen Kreis. Sie zählen jeweils von eins bis vier (wenn Sie vier Untergruppen brauchen). Dann bilden die Einer eine Gruppe, die Zweier, die Dreier und die Vierer.
- Sie können das auch mit verschiedenen Farben machen, die nacheinander ausgerufen werden. Dann spielen die Grünen zusammen, die Gelben, die Roten und die Blauen.
- Sie können auch mit einem Satz Spielkarten arbeiten, aus dem Sie so viele gleichwertige Spielkarten aussortiert haben, wie Sie Mitglieder für Ihre Untergruppen brauchen.

7 Eisbrecher

Eisbrecher sind Spiele, die Sie zu Beginn einer Gruppensitzung spielen – vor allem, wenn Sie mit einer neuen Gruppe arbeiten, wenn Sie einen neuen Spielnachmittag beginnen oder wenn sich ein neues Kind einer bereits bestehenden Gruppe anschließt.

Eisbrecher dienen dazu, den Kindern die Befangenheit beim Start zu nehmen, um gemeinsam handeln zu können und sich von den anderen Kindern angenommen zu wissen. Sie ritualisieren den Beginn einer jeden Spielsitzung und sollen sicherstellen, dass jedes Kind in seiner Gruppe „wirklich angekommen ist". Sie fördern auch den Zusammenhalt in der Gruppe und helfen eine Gruppenidentität zu entwickeln.

Wie ich heiße

⑦ (Die Symbole sind in der   ✓ Sich abwechseln können   ✓ Zuhören können
   Einleitung auf S. 18 erläu-   ✓ Konzentration   ✓ Fragen stellen
   tert.)   ✓ Beobachtungsgabe   ✓ Gedächtnis
🕐 10 Minuten

Das Spiel soll Kindern helfen, in einer neuen Gruppe möglichst schnell mit allen anderen
Kindern Kontakt aufzunehmen.

Spielverlauf

Jedes Kind schreibt seinen Namen (oder wie es genannt werden möchte) auf ein selbstkle-
bendes Etikett und versteckt dieses in einem schwer einzusehenden Kleidungsstück, zum
Beispiel in einer Tasche, im Kragen oder unter der Schuhsohle.

Jetzt versucht jedes Kind so viele Etiketten ausfindig zu machen, wie in einer bestimmten
Zeit möglich ist. Dabei darf es die anderen Kinder nicht berühren, sondern muss durch
Fragen herausfinden, wo das Namensetikett sein könnte: „Klebt es auf deiner Schuhsohle?" „Kann ich mal unter deinen rechten Fuß schauen?" Dann schreibt es sich den Namen
des Kindes auf oder versucht ihn sich zu merken.

Nachdem die Zeit abgelaufen ist, stehen oder sitzen alle Kinder im Kreis. Nun stellt sich
der Spielleiter nacheinander hinter jeden Einzelnen, und die anderen versuchen den Namen des Kindes zu erinnern. Danach stellt sich der Spielleiter hinter das nächste Kind.

Variationen

⑤

Ein weiches Kissen wird in den Stuhlkreis geworfen. Jedes Kind, das das Kissen auffängt,
sagt laut seinen Namen. Wenn alle an der Reihe waren, beginnt das Spiel von vorn, nun
sagt die Gruppe laut den Namen des Kindes, welches das Kissen aufgefangen hat.

Die Namensetiketten liegen im Zauberhut. Jedes Kind zieht ein Etikett, sucht die Person,
die zu dem Etikett gehört, und klebt das Etikett deutlich sichtbar auf deren Brust.

Fragen

Was hilft uns, die Namen anderer Kinder zu erinnern? Wie fühlt man sich, wenn man von einem fremden Kind mit seinem richtigen Namen angesprochen wird? Wie fühlt man sich, wenn man nicht weiß, wie man ein anderes Kind ansprechen soll?

Anmerkungen

Errate die Stimme!

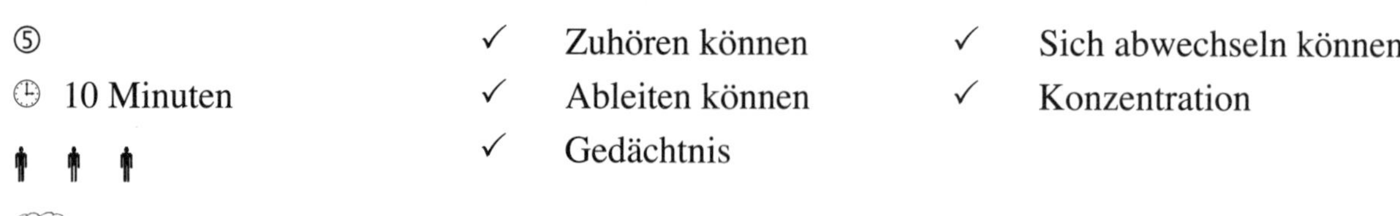

⑤

🕐 10 Minuten

✓ Zuhören können

✓ Ableiten können

✓ Gedächtnis

✓ Sich abwechseln können

✓ Konzentration

Spielverlauf

Die Kinder stehen oder sitzen im Kreis. Jedes Kind erfindet für sich einen besonderen Erkennungsruf, der aus einer Kombination von Konsonanten besteht, die mit einer bestimmten Sprechmelodie gerufen werden können. Man kann die Kombination auch mit einem Summton oder einem Pfiff verbinden. Jedes Kind sagt seinen Namen und führt dann seinen Erkennungsruf vor.

Jetzt steht ein Kind in der Mitte des Kreises mit verbundenen Augen. Der Spielführer bestimmt eine Person für den Erkennungsruf. Das Kind in der Mitte versucht ihn zu erraten. Gelingt das nicht, wiederholt das erste Kind seinen Erkennungsruf und nennt laut seinen Namen. Nach drei Versuchen wechselt das Kind mit den verbundenen Augen.

Variationen

Zwei Kinder stehen in der Mitte des Kreises und können sich beraten.

Das Kind, das in der Mitte gestanden hat, darf den nächsten Rufer bestimmen.

Die Kinder wechseln die Plätze, bevor der nächste Rufer ausgesucht wird.

Fragen

Wie erkennen wir einzelne Stimmen wieder? Was macht unsere Stimmen unterschiedlich? Was würde passieren, wenn unsere Stimmen alle gleich wären? Mit welchen Worten können wir verschiedene Stimmen beschreiben (z. B. tief, laut, weich, wie Schokolade, barsch)? Bitte achten Sie darauf, dass Sie die Charakteristika allgemein halten und nicht in Beziehung zu einzelnen Kindern setzen.

Anmerkungen

Namen und Gesten

⑦

⊕ 5 Minuten

✓ Zuhören können	✓ Konzentration
✓ Gedächtnis	✓ Beobachtung
✓ Sich abwechseln können	✓ Nonverbale Kommunikation

Spielverlauf

Die Kinder sitzen im Kreis. Das erste Kind sagt seinen Namen und begleitet ihn mit einer charakteristischen Geste, beispielsweise mit einem Drehen des Kopfes, einem Klatschen in die Hände, einem Reiben der Hände wie beim Händewaschen. Das nächste Kind wiederholt den Namen und die Bewegung des ersten Kindes, nennt dann seinen Namen und macht seine eigene charakteristische Bewegung. Und so weiter …

Das Spiel endet damit, dass alle Kinder ihren Namen im Chor sagen und dabei ihre charakteristischen Bewegungen machen.

Variationen

⑤

Man kann das Spiel auch stehend spielen und dabei umfangreichere Körperbewegungen wie springen, hüpfen, Beine schwenken vollführen.

In kleineren Gruppen können die Kinder versuchen, die Namen und Gesten von so vielen anderen Kindern wie möglich zu wiederholen.

Frage

Wenn du einen anderen Vornamen hättest, würdest du dir dann auch eine andere Geste suchen? Man kann ein Gedankenexperiment mit verschiedenen, im Augenblick sehr aktuellen Vornamen machen und die Gruppe auffordern, jeden dieser Namen mit einer charakteristischen Bewegung zu verbinden.

Anmerkungen

Obstsalat

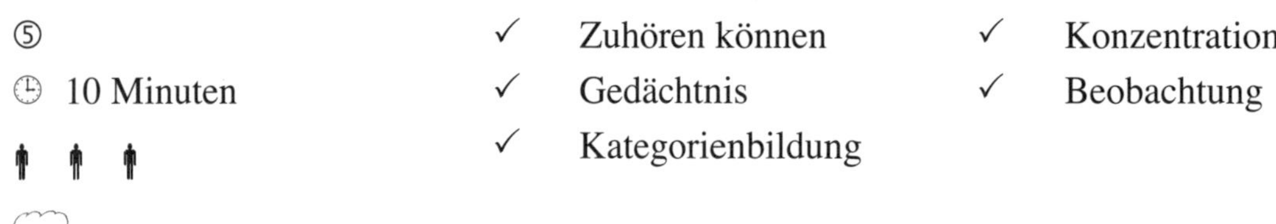

⑤

🕐 10 Minuten

✓ Zuhören können ✓ Konzentration
✓ Gedächtnis ✓ Beobachtung
✓ Kategorienbildung

Dies ist ein rasantes Spiel, das an sehr unterschiedliche Geschmäcker und Vorlieben angepasst werden kann. Es kann daher immer wieder mit leichten Veränderungen gespielt werden und ist in Gruppen mit aktiven Kindern immer ein Lieblingsspiel.

Spielverlauf

Die Kinder sitzen im Kreis. Ein Kind steht in der Mitte. Jedes Kind wählt den Namen einer Frucht. Das Kind in der Mitte ruft jetzt zwei Früchtenamen auf, die betreffenden zwei Kinder tauschen schnell ihre Plätze, und das Kind in der Mitte versucht einen der beiden frei werdenden Plätze zu ergattern. Wenn das Kind in der Mitte ruft: „Obstsalat!", wechseln alle Kinder ihre Plätze. Das Kind, das übrig bleibt, ist der nächste Rufer in der Mitte.

Variationen

Kinderzoo – dabei wählen die Kinder Tiernamen.

Mittagessen – dabei wählen die Kinder unterschiedliche Speisen.

Popstars – dabei wählen die Kinder die Namen bekannter populärer Interpreten und Gruppen.

Bei größeren Gruppen und jüngeren Kindern sollte die Zahl der einzelnen Begriffe begrenzt werden, sodass jede Frucht von mehreren Kindern vertreten wird. Das kann dann allerdings sehr hektisch werden, wenn dauernd viele Kinder durcheinander rennen.

Fragen

Wie sind Ihre Erfahrungen? Wählen unterschiedliche Kinder unterschiedliche Versionen? Warum? Was mögen die verschiedenen Gründe für Vorlieben und Abneigungen gegenüber bestimmten Spielen sein?

Welches ist unser Lieblingsspiel im Freien? Welches ist unser Lieblingsspiel im Haus? Was haben alle Spiele gemeinsam?

Anmerkungen

Stille Grüße

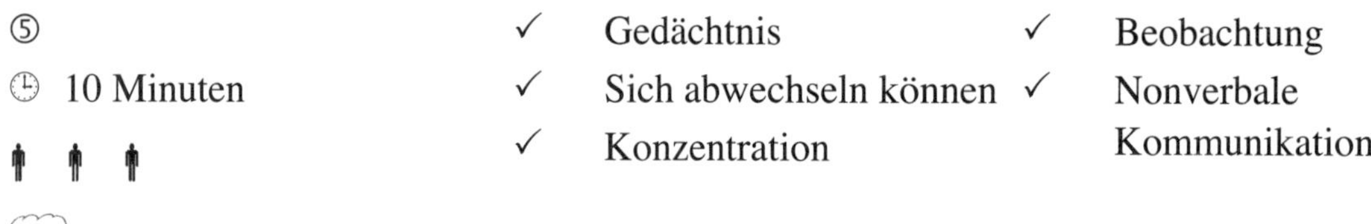

⑤

🕐 10 Minuten

✓ Gedächtnis	✓ Beobachtung
✓ Sich abwechseln können	✓ Nonverbale
✓ Konzentration	Kommunikation

Dieses Spiel benötigt viel Platz, damit die Kinder sich im Raum frei bewegen können.

Spielverlauf

Jeder geht langsam durch den Raum. Die Kinder begrüßen einander stumm, aber freundlich. Sie winken ein wenig mit der Hand. Sie lächeln. Sie suchen Augenkontakt, und ihre Hände kommunizieren stumm miteinander. Der Teamer kann zunächst einmal Ideen vorgeben und demonstrieren. Die Kinder sollten aber keinen Körperkontakt haben. Das Spiel soll zeigen, auf wie viele unterschiedliche Arten Menschen einander freundlich grüßend begegnen können.

Variation

Man kann zu den langsamen und gemessenen Bewegungen der Kinder verschiedene Musikstücke spielen (z. B. Folklore, langsame getragene klassische Musik, lebhafte Musik), während die Kinder durch den Raum gehen, einander grüßen und sich dabei den unterschiedlichen Rhythmen und Stilen in ihrer Körper- und Bewegungssprache anpassen.

Fragen

Habt ihr eine neue Art der Begrüßung entdeckt oder seid ihr auf eine neue Idee gekommen? Werdet ihr sie auch in anderen Situationen einmal ausprobieren? Findet ihr einige Grußarten leichter zu bewerkstelligen als andere? Was hat am meisten Spaß gemacht? Was war am natürlichsten? Was war die coolste Art, einander zu begegnen? Welche Art des Begrüßens passt am besten zu euch? Habt ihr versucht, die Art des Begrüßens an die zu jeweiligen Kinder anzupassen, oder haben Kinder, die sich gut kannten, versucht, einander auf unterschiedliche Weise zu begrüßen? Wie habt ihr euch dabei gefühlt?

Anmerkungen

Karussell

⑤   ✓   Sich abwechseln können   ✓   Konzentration
🕐 5 Minuten   ✓   Kooperation
👤 👤   ✓   Selbst-Wahrnehmung
💬

Spielverlauf

Die Kinder stehen in einem engen Kreis mit Blick zur Mitte. Ein Kind außerhalb des Kreises umrundet diesen langsam und tippt dabei einem Kind auf die Schulter. Dieses Kind rennt einmal um den Kreis herum, das andere Kind versucht in entgegengesetzter Richtung den frei gewordenen Platz einzunehmen. Das Kind, das zu spät kommt und keinen Platz findet, umrundet daraufhin langsam den Kreis und tippt wieder einem Mitspieler auf die Schulter. Jetzt beginnt von Neuem der Wettlauf um den frei gewordenen Platz im Kreis.

Fragen

Was machst du, wenn du auf eine Gruppe triffst, die schon zusammen arbeitet oder zusammen spielt – und du möchtest unbedingt dazu gehören? Was würdest du zu der Gruppe sagen? Wie würdest du deinen Wunsch erläutern? Wann ist es leicht, sich einer Gruppe anzuschließen? Wann ist es schwer?

Anmerkungen

Die magischen Drei

⑤   ✓   Vertrauen   ✓   Sich abwechseln kön-
🕐 10 Minuten   ✓   Zuhören können   nen
                           ✓   Gedächtnis   ✓   Konzentration

Spielverlauf

Die Kinder haben drei Minuten Zeit, den Raum zu erlaufen und sich dabei drei anderen Kindern vorzustellen. Jedes Kind teilt diesen drei Kindern drei wichtige Dinge über sich selbst mit. Bei kleineren Kindern könnte dies der Name sein, etwas, das sie gerne essen, und etwas, das sie überhaupt nicht mögen. Bei älteren Kindern könnte dies etwas sein, worauf sie besonders stolz sind, ihr schönster Geburtstag und ein Tier, das sie am meisten lieben. Wenn die Zeit vorüber ist, sitzen alle im Kreis und erinnern sich an so viele Informationen wie irgend möglich, die sie von den anderen Mitspielern erfahren haben.

Variation

Paare machen sich jeweils zusammen auf den Weg, nachdem sie vorher Informationen über sich ausgetauscht haben, und stellen jetzt ihre jeweiligen Partner den anderen vor.

Fragen

Wie einfach oder wie schwer ist es, alles das zu behalten, was man gehört hat? Was würde es leichter oder schwerer machen, sich an Einzelheiten von anderen Kinder zu erinnern? Warum ist es wichtig, sich an das zu erinnern, was andere über sich erzählen? Was hat man für ein Gefühl, wenn andere sich an etwas Wichtiges über einen selbst erinnern? Was hat man für ein Gefühl, wenn man feststellen muss, dass die anderen die Tatsachen verwechseln oder falsch erinnern?

Anmerkungen

Unsere Geschichte

⑤   ✓   Selbst-Kontrolle   ✓   Konzentration
🕐 5 Minuten   ✓   Selbst-Bewusstsein
                             ✓   Zuhören können

Es handelt sich bei diesem Spiel um die Variation der „alten Familienkutsche".

Spielverlauf

Der Teamer erzählt eine kurze Geschichte über die Gruppe, in der der Name jedes einzelnen Kindes mindestens drei Mal auftaucht. Sobald ein Kind seinen eigenen Namen hört,
steht es auf, dreht sich drei Mal um die eigene Achse und macht eine Verbeugung. Wenn
der Spielmacher von „allen Kindern" spricht oder von „jedem Kind", dann stehen alle auf,
drehen sich drei Mal um die eigene Achse und machen eine Verbeugung.

Ein Beispiel: „Das Klassenzimmer war renoviert worden, und alle *Kinder* warteten im Hof
auf den ersten Tag des neuen Schuljahres. Der Klassenlehrer bat Judith, das Klassenbuch
aus dem Sekretariat zu holen. Auf dem Weg dorthin, traf sie Karin und Amaro, die auf dem
Weg waren, die Schulglocke zu läuten. Auch Jonas war beauftragt worden, die Glocken
zu läuten, und er läutete sie so laut, dass Markus und Sandy ihre Hände auf die Ohren legen mussten. Eduard und Michel schließlich waren es, die alle Kinder in das neue
Klassenzimmer eskortierten …"

Variationen

Man kann auch eine körperliche Reaktion wählen, die lediglich mit einer leichten Körperbewegung verbunden ist.

Man kann ein Musikinstrument nehmen, dass darauf aufmerksam macht, dass jetzt der
Name eines Kindes genannt wird.

Man kann die Geschichte auch so erzählen, als ob man in den Zoo ginge. Die Kinder wählen für sich ein bestimmtes Tier aus und machen ein entsprechendes Tiergeräusch, wenn
ihr Name genannt wird.

Fragen

Wenn in einer neuen Gruppe mein Name genannt wird, dann ist das eine schöne Art, auf
mich aufmerksam zu machen. Was könnte man sonst sagen oder tun, um die Aufmerk-

samkeit eines Kindes zu erregen, das offensichtlich nicht zuhört oder zuhören will? Was
sollte man dann nicht sagen oder tun?

Anmerkungen

Regeln raten

⑦

🕐 5 Minuten

♟ ♟ ♟

✓ Zuhören können ✓ Schlussfolgern
✓ Zusammenarbeit ✓ Problemlösen
✓ Gedächtnis ✓ Beobachten

Das Spiel ermutigt die Spieler, zusammenzuarbeiten, um die entscheidende Spielfrage zu lösen.

Spielverlauf

Sie teilen die Gruppe in zwei Untergruppen. Gruppe A verlässt den Raum. Gruppe B denkt sich für ihr weiteres Verhalten eine Regel aus. Beispielsweise: Jeder, der spricht, muss sich dabei am Kopf kratzen. Oder: Immer, wenn ich spreche, stütze ich meinen Arm auf das rechte Knie. Der Teamer stellt sicher, dass diese Regel auch erinnert wird, indem er dem einen oder anderen Mitglied der Gruppe eine Frage stellt, die dieser, begleitet von der entsprechenden Körperbewegung, beantwortet.

Gruppe A kommt in das Zimmer zurück, und der Teamer erinnert noch einmal daran, dass es darum geht, dass Gruppe B immer wiederkehrende Besonderheiten im Verhalten der Gruppe A als Regel identifiziert. Er stellt dann Gruppe A ähnliche Fragen wie vorher schon beim Probelauf. Gruppe B berät sich, worin die Gesetzmäßigkeit im Verhalten von Gruppe A bestehen könnte. Sobald sie eine Idee hat, sagt sie Stopp und nennt die Regel. Hat sie richtig geraten, wird diese Spielphase beendet und die beiden Untergruppen wechseln sich ab.

Variationen

Die Regeln können bei älteren Kindern deutlich erschwert werden. Beispielsweise dadurch, dass jedes antwortende Mitglied der Gruppe B zunächst das letzte Wort der Frage des Teamers wiederholen muss, dass es beim Antworten aufstehen oder dem Teamer eine Rückfrage stellen muss.

Fragen

Brauchen Gruppen Regeln, um ihr Verhalten zu koordinieren? Wenn ja – welche Regeln? Sind Regeln *immer* sinnvoll oder nur manchmal? Wie fühlt man sich, wenn man in eine Gruppe kommt, die stillschweigend eine Reihe von Regeln befolgt, die man selber noch nicht kennt? Was können Gruppen tun, um neue Gruppenmitglieder so schnell wie möglich zu integrieren?

Anmerkungen

Anmerkungen

Ideen für weitere Eisbrecher

Reflexionen

8 Wer bin ich?

Selbst-Achtung braucht Selbst-Erkenntnis

Kinder mögen es, Geschichten über sich selbst zu hören und zu erzählen. Interessante Gesprächsthemen in Familien sind Fragen wie: „Erzähl mir die Geschichte, als ich geboren wurde", oder: „Was ist eigentlich passiert, als ich ins Krankenhaus musste und noch ein Baby war?" Oder: „Weißt du noch, wie es war, als ich diesen Preis gewonnen habe?" „… als andere Kinder mich beschimpft haben?" „… als ich vom Baum gefallen bin?"

Selbst wenn Eltern dieselbe Geschichte schon bei vielen Gelegenheiten erzählt haben, wollen Kinder sie immer wieder hören. Das ist der einfachste Weg, etwas über uns selber zu lernen – indem wir immer wieder denselben Geschichten über uns lauschen und sie selbst erzählen.

Ein starkes Gefühl für unser „Selbst" und ein Gefühl dafür, „dass ich mir gehöre" und „dass ich dazugehöre", sind wichtige Elemente einer gesunden Selbst-Achtung. Es ist deshalb wichtig für Kinder, dass sie ihre Geschichte kennen und schrittweise immer mehr über sich erfahren, über ihre Stellung in der Familie und innerhalb der Gruppen, zu denen sie darüber hinaus gehören.

Die Spiele in diesem Teil des Buches dienen unserer Selbst-Erforschung auf verschiedenen Ebenen einschließlich der Frage, wie wir uns von anderen Kindern in Aussehen und Verhalten unterscheiden – aber auch, was wir mit anderen Kindern gemeinsam haben. Das bedeutet, dass wir uns langsam an eine positive Bewertung von Gemeinsamkeiten und Unterschieden herantasten.

Erkennst du mich?

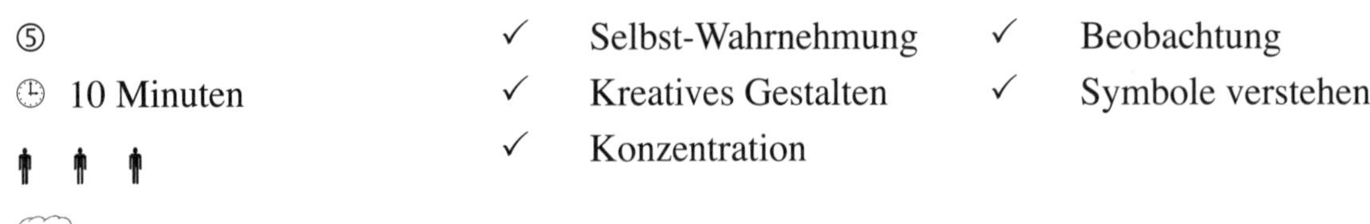

⑤

🕐 10 Minuten

✓ Selbst-Wahrnehmung   ✓ Beobachtung

✓ Kreatives Gestalten   ✓ Symbole verstehen

✓ Konzentration

Dieses Spiel erfordert eine Reihe von Vorbereitungen seitens der Teamerin.

Spielverlauf

Man teilt die Gruppe in zwei etwa gleich große Untergruppen. Beide arbeiten in unterschiedlichen Räumen oder bei größeren Räumen in verschiedenen Ecken, ohne dass sich die einzelnen Gruppen bei ihrer Arbeit beobachten sollten. Innerhalb jeder Untergruppe arbeiten jeweils zwei oder drei Kinder zusammen. Auf großen Lagen von Packpapier malen sie zunächst den Umriss des liegenden Körpers jedes Kindes mit einem dicken Filzer auf. Dann suchen sie in Illustrierten, Katalogen und Ähnlichem nach Abbildungen von Gegenständen, die für das einzelne Kind charakteristisch sind, schneiden diese Bilder aus und bekleiden damit die Körperumrisse.

Ist die Arbeit abgeschlossen, zeigt Gruppe A der Gruppe B ihre erste Collage, und Gruppe B muss raten, wer dargestellt ist. Dann zeigt Gruppe B der Gruppe A ihre erste Collage usw.

Variationen

Man kann den Bildern auch Schlagworte, Überschriften und ganze Sätze hinzufügen, die persönliche Eigenheiten und Stärken des jeweiligen Kindes charakterisieren sollen.

Kleine Kinder zeichnen einfach den Umriss des anderen Kindes in ihrer Untergruppe und bebildern den Umriss mit einer Farbe und einem Gesichtsausdruck.

Fragen

Woran hast du erkannt, welcher Umriss zu welchem Kind gehört? Hast du etwas über ein anderes Kind herausgefunden, was du vorher noch nicht wusstest? Wenn du alle Zeichnungen nebeneinander stellst und sie zusammen betrachtest, was haben sie alle gemeinsam? Was sind erkennbare Unterschiede? Welche deiner Eigenheiten sollten anderen Kindern auf Dauer in Erinnerung bleiben?

Anmerkungen

Namensgeschichten

⑦

🕐 5 Minuten

	✓ Zuhören können	✓ Geschichten erzählen
	✓ Gedächtnis	✓ Erkundungsfähigkeit
	✓ Planung	

Für dieses Spiel sollten sich Kinder vorher zu Hause nach der Geschichte ihrer Vornamen erkundigt haben.

Spielverlauf

Zur Vorbereitung des Spiels bitten Sie Ihre Kinder, sich zu Hause nach ihren Vornamen zu erkundigen. Fragen Sie sie beispielsweise, ob sie wissen, welche Bedeutung ihr Vorname eigentlich hat. Bitten Sie sie, sich zu Hause zu erkundigen, wie die Eltern auf diesen Vornamen gekommen sind. Fragen Sie, wie wichtig der Name für jedes einzelne Kind ist. Fragen Sie, wie jedes einzelne Kind am liebsten angesprochen werden möchte. Fragen Sie nach Abkürzungen und „Spitznamen", die den Kindern besonders lieb sind.

Wenn diese Vorarbeit geleistet ist, setzen sich die Kinder paarweise zusammen und erzählen sich gegenseitig ihre Namensgeschichte. Danach setzen sie sich in den großen Kreis, und jedes Kind erzählt die Namensgeschichte seines Partners.

Variation

In kleineren und jüngeren Gruppen können die einzelnen Kinder, im Kreis sitzend, auch ihre eigene Namensgeschichte erzählen.

Fragen

Kennst du noch jemand mit dem gleichen Vornamen? Ist diese Person dir ähnlich oder sehr verschieden? Welche Namen sind besonders häufig, welche besonders selten?

Anmerkungen

Wenn ich ein Tier wäre

⑤

⏱ 10 Minuten

- ✓ Vorstellungskraft
- ✓ Selbst-Wahrnehmung
- ✓ Verständnis für Gegensätze
- ✓ Nonverbale Kommunikation
- ✓ Verständnis für Charakteristika

Dieses Spiel benötigt viel Platz, damit sich alle Kinder frei im Raum bewegen können.

Spielverlauf

Das Spiel beginnt damit, dass die Kinder die Namen von Tieren und deren charakteristische Merkmale nennen.

Dann wählt jedes Kind ein Tier mit einem charakteristischen Merkmal aus, und die Gruppe wird in zwei Hälften geteilt. Die eine Hälfte bewegt sich frei im Raum und zeigt ihr charakteristisches Merkmal, dabei treffen die Kinder auf andere Tiere und begrüßen sie. Die andere Hälfte der Gruppe sitzt darum herum und beobachtet. Sie hat die Aufgabe, die einzelnen Tiere so schnell wie möglich zu identifizieren. Wenn die Kinder glauben, ein Tier identifiziert zu haben, rufen sie laut seinen Namen. Wenn es der richtige Name ist, setzt sich das Tier auf den Boden. Das Spiel ist beendet, wenn alle Kinder der ersten Gruppe auf dem Boden sitzen. Dann tauschen beide Gruppen ihre Rolle.

Variation

Man kann die Kinder auch im Kreis versammeln und jeweils ein Kind bitten, ein bestimmtes Tier durch Bewegungen und Töne zu charakterisieren. Ein Kind könnte dann beispielsweise sagen: „Ich bin ein Flamingo. Ich bewege mich so ... Ich spreche so ... Ich bewege meinen Hals auf diese Weise ... Ich habe es besonders gern, wenn ... Wenn ich andere Flamingos treffe, dann ..." Der Spielleiter kann dabei Tiere mit unterschiedlichen Charakteristika vorgeben – beispielsweise Tiere, die besonders klein oder besonders groß sind, Tiere, die besonders laut oder besonders leise sind, Tiere, die sich besonders schnell bewegen oder so langsam wie eine Schildkröte. Zum Schluss kann der Spielleiter die einzelnen Tiere bitten, sich zur Ruhe zu begeben und einzuschlafen. Damit ist das Spiel beendet.

Fragen

Welches waren deine Gefühle, als du dieses Tier gespielt hast? Magst du dieses Tier eigentlich sehr? Hast du etwas Neues herausgefunden?

Welche Tiere fürchten sich eigentlich vor welchen anderen Tieren? Und welche Tiere sind eigentlich ganz gerne mit anderen Tieren zusammen?

Anmerkungen

Schutzschilder

⑤   ✓ Vorstellungskraft   ✓ Selbst-Respekt
🕐 10 Minuten   ✓ Schlussfolgerung   ✓ Verständnis für Symbole
                         ✓ Selbst-Wahrnehmung

Spielverlauf

Die Teamerin hat für jedes Kind das Abbild eines großen Schutzschildes auf Pappe vorbereitet – entweder in runder oder in eckiger Form. Das Schutzschild ist in vier gleich große Quadranten unterteilt. Die Kinder werden gebeten, in jeden Quadranten das Symbol für etwas einzutragen, was für sie im positiven Sinn charakteristisch ist und sie in ihrem Alltag beschützt.

Links oben: Was ich besonders gut kann.

Rechts oben: An wen ich mich in meiner Familie wende, wenn ich Schwierigkeiten habe.

Links unten: An wen ich mich in der Schule/im Kindergarten wende, wenn ich Schwierigkeiten habe.

Rechts unten: Wen ich im Notfall anrufen kann (Rufnummer).

Auf die Rückseite schreiben sie ihren Namen. Der Spielleiter stellt oder hängt die einzelnen Schutzschilde nebeneinander auf. Die Gruppe rät, welches Schutzschild zu welchem Kind gehört.

Variation

Für ältere Kinder kann man anregen, eine Fahne oder ein Spruchband zu malen und darauf das individuelle Motto für das nächste Lebens- oder Schuljahr.

Frage

Der Teamer könnte sich darauf konzentrieren, die unterschiedlichen schützenden Eigenschaften zu diskutieren und miteinander zu vergleichen, die im oberen linken Quadranten durch Symbole bezeichnet worden sind. Welche zusätzlichen schützenden Eigenschaften und Personen könnten wir mobilisieren?

Anmerkungen

Erzähl mir meine Geschichte

⑨

🕐 10 Minuten

miteinander bekannte Gruppe

- ✓ Zuhören können
- ✓ Vorstellungskraft
- ✓ Vertrauen

- ✓ Empathie
- ✓ Sich abwechseln können
- ✓ Geschichten erfinden

Das ist ein sehr schönes Spiel, das man allerdings nur im kleinen Kreis, am besten in der eigenen Familie, spielen sollte. Es überschreitet die Grenzen der Wirklichkeit und übt die Entwicklung positiver Fantasien über sich selber.

Spielverlauf

Der älteste Spieler gibt einem anderen Mitspieler, den er sehr gut kennt, den Titel einer Geschichte vor, beispielsweise:

- Markus, der Kühne
- Lisa träumt einen schönen Traum
- Katie und ihr tollstes Erlebnis
- Lana hat es geschafft!

Die Mitspieler sitzen im Kreis. Derjenige, der das Kind kennt, das die Spielrunde eröffnen soll, beginnt mit der Überschrift und ergänzt den ersten Satz der Geschichte. Beispiel: „Markus, der Kühne. Schon als kleines Kind war Markus jemand, der sich durch besonderen Wagemut ausgezeichnet hat!" Der Mitspieler rechts neben ihm setzt nun die Geschichte mit einem zweiten Satz fort, der nächste Spieler spinnt den Faden mit einem dritten Satz weiter und so fort. Bei nur wenigen Spielern kann die Geschichte in mehreren Runden fortgesetzt werden – jeder Spieler sagt aber immer nur einen Satz.

Fragen

Wie hat das Spiel auf die Teilnehmer gewirkt? Hatten sie Schwierigkeiten, die Geschichte mit jeweils nur einem Satz weiterzuspinnen? War die Fortsetzung der Geschichte eine reine Fantasieleistung oder hatte sie eine realistische Beziehung zu dem Kind, von dem die Geschichte handelte? Was hatten die einzelnen Kinder für Gefühle, wenn sie die Geschichte hörten, die über sie erzählt wurde?

Anmerkungen

Folgt mir nach!

⑤

🕐 10 Minuten

👤 👤 👤

💬

✓ Empathie	✓ Nonverbale
✓ Vorstellungskraft	Kommunikation
✓ Beobachtung	✓ Schauspielerische
	Fertigkeiten

Spielverlauf

Unser Teamer bittet einen Spielführer auf eine bestimmte Weise demonstrativ den Raum zu durchschreiten – etwa wie ein Riese, wie der Welt stärkster Freistilringer oder wie ein alter Mann mit steifen Gelenken. Die anderen Spieler beobachten den Spielführer und versuchen ihm auf die gleiche Weise zu folgen. Wenn der Teamer eine Glocke läutet oder ein Tamburin schlägt, frieren alle Spieler in einer bestimmten Stellung ein. Sie halten diese Stellung und zählen bis fünf, dann wird ein neuer Spielführer benannt, der die Gruppe auf eine andere Art anführt. Man sollte das Spiel mit mindestens fünf verschiedenen Spielführern nacheinander spielen.

Variationen

Der Teamer kann verschiedene Arten vorgeben, die unterschiedliche Befindlichkeiten oder Gefühle ausdrücken können.

Paare können zusammen den Raum durchschreiten, wobei ein Partner versucht, sich spiegelbildlich zu seinem Gegenüber zu verhalten.

Fragen

Versuchen Sie Gemeinsamkeiten und Unterschiede in der Bewegung der einzelnen Kinder wahrzunehmen und sprachlich auszudrücken. Heben Sie die Notwendigkeit kleiner Unterschiede hervor. Wie würde die Welt aussehen, wenn wir alle auf völlig gleiche Weise laufen und uns bewegen würden? Mit welchen Schwierigkeiten wäre das verbunden? Wie würde man sich selber fühlen, wenn man in den Schuhen eines anderen Kindes wandeln müsste.

Anmerkungen

Was stimmt hier nicht?

⑦

🕐 5 Minuten

- ✓ Sich abwechseln können
- ✓ Schlussfolgerung
- ✓ Vertrauen
- ✓ Zuhören können
- ✓ Vorstellungskraft

Spielverlauf

Die Spieler laufen einzeln durch den Raum und stellen sich gegenseitig vor. Dabei sagen sie ihren Vornamen und zwei Dinge über sich, von denen eine Sache stimmt, die andere aber offensichtlich falsch ist. Die Partner entscheiden, welche Aussage stimmt und welche Aussage nicht stimmt. Wenn das geklärt ist, gehen die Partner weiter und wenden sich neuen Partnern zu.

Variationen

Die Spieler sitzen oder stehen im Kreis. Jeder erzählt drei erstaunliche und verblüffende Geschichten über sich. Zwei davon sind falsch. Die Gruppe entscheidet, welche Geschichten falsch sind. Wenn nötig korrigiert jedoch der Erzähler.

Die Spieler stellen sich jeweils einem anderen Kind vor und erzählen dabei zwei Geschichten über sich, von denen eine falsch ist. Die Mitspieler stellen das erzählende Kind der gesamten Gruppe vor, wobei sie sich für die wahre Geschichte entscheiden müssen.

Fragen

Was ist der Unterschied zwischen einer falschen (zu dick aufgetragenen) Geschichte und dem berechtigten Stolz auf etwas, was man ist oder kann? Gibt es etwas Erstaunliches über sich selbst zu berichten? Was könnte das sein?

Anmerkungen

Ideen für weitere Wer-bin-ich-Spiele

Reflexionen

9 Freunde und Gefühle

Ich selbst und die anderen

Die Spiele dieser Abteilung des Buches behandeln Aspekte von Vertrauen und Zusammenarbeit in Gruppen und bahnen ein Verständnis dafür an, wie unsere Gedanken und Handlungen unsere Beziehungen zu anderen Menschen beeinflussen.

Wenn wir unsere Beziehungen zu anderen Menschen verstehen wollen, müssen wir auch unsere Gefühle verstehen. Während der Kindheit beginnen wir Gefühle zu entwickeln und zu lernen, welche Gefühle wir anderen gegenüber haben mögen, ohne von ihnen überschwemmt zu werden. Es ist wichtig, Kindern bei dem Verständnis zu helfen, dass alle Gefühle in sich berechtigt sind und dass wir Kontrolle über die Art und Weise ausüben können, wie wir sie zeigen und wahrnehmen.

Wenn Kinder ihre eigenen Gefühle wahrnehmen, vor allem wenn sie sich dabei in schwierigen und verwirrenden Situationen befinden, mit denen sie erfolgreich fertig werden müssen, werden sie auch in der Lage sein, kreativ und zuverlässig neue Herausforderungen zu bestehen und neue Fertigkeiten zu entwickeln. Auf diese Weise können sie ihr Gefühl von Selbst-Wert und Selbst-Wirksamkeit stärken. Sie können dabei auch eine hilfreiche Ebene von emotionaler Widerstandsfähigkeit entwickeln: Das ist die Fähigkeit mit vorübergehenden Gefühlen von Hilflosigkeit und Enttäuschung umzugehen, ohne diese Gefühle als Ausdruck eigenen Versagens erleben zu müssen.

Chorsingen

⑥

🕐 5 Minuten

† † †

✓ Zuhören können
✓ Zusammenarbeit
✓ Konzentration

✓ Beobachtung
✓ Nonverbale Kommunikation

Spielverlauf

Jedes Kind wählt für sich eine bestimmte Weise des Verbalisierens oder Singens von Vokalen aus (vgl. mit dem Spiel „Errate die Stimme", S. 50). Dabei stehen die Kinder im Kreis oder in kleinen Gruppen um einen Chorleiter, der die Kinder als Chor oder in kleinen Gruppen oder als Solostimmen dirigiert. Er zeigt durch seine Bewegungen an, wann die Stimmen lauter werden sollen, wann sie leiser werden sollen, schneller oder langsamer, wann alle zum mächtigen Schlusschor ansetzen und wann sie mit einem Schlag verstummen sollen.

Variationen

Man kann in Untergruppen einen Kanon einstudieren oder (bei älteren Kindern) Untergruppen eine Melodie führen und andere den Rhythmus markieren lassen.

Man kann Instrumente von zu Hause mitbringen oder in der Gruppe vorher welche basteln.

Ein Teamer sollte zunächst den Chor anleiten und danach die Stabsführung an verschiedene Kinder, die sich freiwillig dafür gemeldet haben oder die von ihm bestimmt werden, abgeben.

Fragen

Wie fühlt man sich als Dirigent? Wie fühlt man sich als Teil des Orchesters? Wäre es besser, das Ganze nach einem tatsächlichen Lied zu spielen, in das alle einstimmen können? Wenn ja, nach welchem Lied?

Anmerkungen

Blindenführung

⑧
🕐 15 Minuten

👤 👤

✓ Vertrauen	✓ Unterstützung
✓ Zusammenarbeit	✓ Anweisungen geben
✓ Zuhören können	✓ Empathie

Dieses Spiel benötigt viel Raum für die Teilnehmer. Ein paar wenige, große Gegenstände sollen die Bewegungen der Kinder behindern.

Spielverlauf

Die Gruppe wird in zwei Hälften geteilt. Die eine Hälfte besteht aus den „Blindenführern", die andere Hälfte aus Kindern, welche ihre Augen geschlossen halten sollen. Die Blindenführer sollen die anderen Kinder auf sanfte Weise daran hindern, mit den Gegenständen oder mit anderen Kindern zusammenzustoßen, die im Weg stehen. Sie sollen dabei durch sanfte Berührung des Oberarms führen. Die gemeinsame Bewegung kann musikalisch begleitet werden. Wenn der Teamer die Musik stoppt, bleiben alle stehen, und die Kinder öffnen ihre Augen.

Fragen

Hast du dich sicher gefühlt? Was hat dir dabei geholfen? Hat das andere Kind dir die Richtung angedeutet, in die du gehen solltest?

Anmerkungen

Familienbaum

30 Minuten

- ✓ Erkundungsfähigkeit
- ✓ Vorstellungskraft
- ✓ Ähnlichkeiten suchen
- ✓ Charakteristika verstehen
- ✓ Bildersprache verstehen

Spielverlauf

Dies ist weniger ein Spiel als vielmehr eine gemeinsame Tätigkeit in der Gruppe nach vorheriger Hausaufgabe. Der Teamer hat die Kinder aufgefordert, von zu Hause Fotos jedes einzelnen Familienmitgliedes mitzubringen. Nun nimmt sich jedes Kind einen großen Streifen Packpapier und bemalt ihn mit einem großen Baum mit weit verzweigten Ästen. Auf die beiden oberen Zweige werden die Mutter und ihr Partner (im Regelfall der Vater) geklebt, darunter andere erwachsene Familienmitglieder, darunter die Geschwister und in der Mitte auf dem Stamm das Kind selbst. Jetzt kann der Baum mit Blättern und Blüten ausgeschmückt werden, um ihn einzigartig zu machen. Dann werden die Bäume nebeneinander mit Klebestreifen an den Wänden befestigt, und jedes Kind erklärt noch einmal seinen Familienbaum.

Variationen

Neben oder anstatt der Namen der Eltern und der anderen Familienmitglieder können auch die Namen anderer wichtiger Personen angebracht werden.

Anstelle des Baumes können die Kinder auch die Umrisse ihrer rechten Hand mit den fünf Fingern auf Packpapier malen. Sie haben dann keinen Familienbaum, sondern eine „helfende Hand", in der alle Menschen, die für sie besonders wichtig und hilfreich sind, jeweils einen Finger markieren.

Anmerkungen

Das Maschinenspiel

⑥
🕐 15 Minuten

👤 👤 👤

	✓ Kooperation	✓ Kreatives Denken
✓ Problemlösen	✓ Beobachtungsgabe
✓ Vorstellungskraft	

Zunächst sollte die Gruppe im Brainstorming Ideen entwickeln, welche Arten von Maschinen sich durch etwa fünf Einzelteile von besonderer Bedeutung auszeichnen.

Beispielsweise die CD, der Plattenteller, der Lautsprecher und der Elektrostecker in der Musikbox; die Räder, der Handgriff, der Motor und die Grasschneideblätter im Rasenmäher; einzelne Teile am Motorrad …

Spielverlauf

Kleine Untergruppen (nicht mehr als vier Kinder) denken sich eine Maschine aus, die vier verschiedene Teile hat. Jedes Kind übernimmt die Rolle eines dieser Teile. Ein Kind ist der Operator. Die Spieler können ihre Funktion durch Geräusche oder Körperbewegungen markieren und arbeiten in unterschiedlichen Phasen der maschinellen Tätigkeit zusammen. Nachdem jede Gruppe für sich geübt hat, demonstriert jede Gruppe den anderen die Wirksamkeit ihrer Maschine und lässt raten, um welche Maschine es sich handelt.

Variationen

Die einzelnen Untergruppen können sich ihre Maschine auch aus einem vorbereiteten Kartensatz auswählen, auf dem die jeweilige Maschine abgebildet ist.
Die Kinder erfinden eine Fantasiemaschine und erklären dem Rest der Gruppe, wie sie funktioniert.

Fragen

Habt ihr im Team gut zusammengearbeitet? Hat jeder eine befriedigende Tätigkeit gefunden? Habt ihr als Team einen Anführer gehabt oder wart ihr gleichberechtigt am Entscheidungsprozess beteiligt?

Anmerkungen

Die Stufenleiter der Gefühle

⑦

🕓 5 Minuten

✓ Empathie	✓ Aushandeln
✓ Zusammenarbeit	✓ Vertrauen
✓ Kategorienbildung	

Spielverlauf

Dieses Spiel handelt von der Fähigkeit, die Gefühle von Menschen zu erkennen, einzuordnen und Ähnlichkeiten festzustellen. Dazu braucht man große Papptafeln, die man an den Wänden aufhängen kann (für jede Untergruppe eine, und dazu eine Tafel extra). Auf jeder Papptafel sollten vier Thermometer nebeneinander aufgezeichnet werden, jedes Thermometer steht für eine der großen Gefühlsgruppen: Wut, Angst, Traurigkeit und Freude. Die Untergruppen geben sich einen bestimmten Zeitrahmen, um im Brainstorming-Verfahren möglichst viele Eigenschaftswörter zu finden, die in die vier Kategorien (Wut, Angst, Traurigkeit und Freude) passen. Jedes genannte Eigenschaftswort wird auf eine besondere kleine Karte geschrieben. Dann entscheiden die Untergruppen, welches Eigenschaftswort in welche der vier Gruppen passt, und außerdem, welchen Platz es auf der Skala, im Gegensatz zu den anderen konkurrierenden Wörtern dieser Skala, einnimmt. Die Kinder werden sich wahrscheinlich schnell einig werden, dass „ärgerlich sein" auf der Wut-Skala niedriger einzustufen ist als „außer mir sein". Aber wo platzieren wir auf der Angst-Skala „gestresst" gegenüber „geschockt"? Auf der Traurigkeits-Skala bedeutet „betrübt sein" auf jeden Fall weniger als „in Tränen aufgelöst sein". Aber wo liegt auf der Freude-Skala „fröhlich" gegenüber „gut gelaunt"? Sobald sich die einzelnen Untergruppen einig geworden sind, setzen sie sich mit den anderen Untergruppen zusammen und versuchen sich auf gemeinsame Skalen zu einigen. Kommt bei einigen Begriffen eine Einigung nicht zustande, so müssen sie in unterschiedlicher Farbe zweimal auf der Skala erscheinen.

Variation

Man kann im Korridor einen langen Kreidestrich ziehen mit einer Skala von eins bis zehn. Die Kinder entscheiden sich für eine bestimmte Kategorie, rufen ein bestimmtes Gefühl auf und gruppieren sich dann im Korridor an dem Kreidestrich dort, wo sie ihr Gefühl platzieren möchten.

Fragen

Gibt es eigentlich unterschiedliche Entscheidungen im Hinblick auf die Platzierung der einzelnen Gefühle? Neigen einzelne Kinder dazu, ihre Gefühle eher nahe der Spitze der jeweiligen Skala zu sortieren oder eher nahe der Basis? Woran lernen wir bei uns selber und bei anderen verschiedene Ebenen ähnlicher Gefühle zu erkennen? Haben wir manchmal intensive Gefühle in Situationen, die eigentlich gar nicht besonders aufregend sind?

Anmerkungen

Das Spiel mit dem Sprungtuch

⑤   ✓   Zusammenarbeit   ✓   Beobachtungsgabe

🕐 10 Minuten   ✓   Konzentration

Dies ist eines von vielen möglichen Spielen zur Unterstützung der Zusammenarbeit in größeren Gruppen. Man braucht dazu allerdings sehr viel Platz. Am besten spielt man es bei schönem Wetter im Freien. Man braucht allerdings ein sehr großes, möglichst kreisförmiges Sprungtuch – gewöhnliche Tischdecken sind meist zu klein.

Spielverlauf

Alle Kinder stehen im Kreis und halten das Sprungtuch auf Taillenhöhe. Der Teamer wirft einen sehr großen Volleyball in das Sprungtuch. Die Kinder versuchen zunächst durch Lockerlassen oder Straffen des Sprungtuches und durch Heben oder Absenken den Ball ins Rollen zu bringen, ohne dass er den Kreis verlässt. In einer zweiten Phase kann eine Hälfte der Spieler versuchen, den Ball im Kreis zu halten, während die andere Hälfte versucht, ihn herunterrollen zu lassen.

Variation

Teamer können mit unterschiedlichen Ballgrößen den Versuch machen herauszufinden, welcher Ball sich besonders gut für dieses Spiel eignet.

Fragen

Wie kooperieren Kinder in großen Gruppen ohne verbale Anweisungen? Sie müssen nach eigenen Beobachtungen sehr schnell reagieren – und zwar alle in der gleichen Richtung. Wie ist es in Alltagssituationen, in denen Gruppen ohne Absprache miteinander kooperieren müssen? Kennen die Kinder Beispiele? Was passiert, wenn Kinder in der Gruppe sind, die nicht kooperieren können oder wollen?

Anmerkungen

Ideen für weitere kooperative Spiele

Reflexionen

10 Wie ich mich okay finde

Selbst-Achtung und Selbst-Akzeptanz

Indem wir unsere eigene Entwicklung als Leistung anerkennen und ernsthaftes, realistisches Lob akzeptieren können, zeigen wir wichtige Bestandteile von Selbst-Akzeptanz. Diese Selbst-Akzeptanz umfasst auch jene Bereiche unseres Lebens und seiner Bewältigung, an denen wir im Augenblick noch arbeiten, und sie umfasst wohl auch solche Bereiche, die zu verändern uns besonders schwerfallen wird oder die grundsätzlich zu verändern wir unmöglich finden.

Teil solcher Selbst-Akzeptanz ist ein Verständnis für die Unterschiede zwischen der Tatsache, dass wir alle „Fehler machen", und dem Eingeständnis, dass wir „versagt haben".

Kleine Kinder machen sich oftmals noch nicht klar, dass auch größere Kinder und Erwachsene Fehler machen und dies ein sehr produktiver Weg sein kann, etwas dazuzulernen. Alle erfolgreichen Erfinder und Wissenschaftlerinnen haben ihre besten Leistungen dadurch erreicht, dass sie zu Beginn ihrer Forschungen Fehler gemacht und aus ihnen gelernt haben.

In den ersten Kapiteln meines Buches habe ich schon einmal darauf hingewiesen, dass unser Selbst-Konzept alle Aspekte des Bildes umfasst, das wir uns von uns selber machen. Auch Selbst-Akzeptanz schließt die Tatsache ein, dass wir alle Teile unseres Körpers, unseres Geistes und unserer Gefühle im Prinzip in Ordnung finden.

Ich mag meine Hand, weil ...

⑧

🕐 15 Minuten

         ✓   Verständnis für Charakteristika   ✓   Selbst-Wahrnehmung

         ✓   Kreatives Denken

Spielverlauf

Jedes Kind legt die linke Hand flach auf ein großes Stück Papier und umrundet die einzelnen Finger von der einen Seite des Knöchels bis zur anderen Seite des Knöchels mit einem Filzstift. Dann schreibt es in jeden Finger ein Stichwort, das begründet, warum es seine Hände mag. Beispielsweise weil sie kräftig sind, kreativ, schlank, schnell im Zugriff, sauber und sanft. In die Innenfläche kann jedes Kind schreiben, was es mit diesen Händen am besten machen kann: Klavierspielen, ein Brot schmieren oder die Katze streicheln. Im Anschluss hängen die Kinder ihr Bild für alle sichtbar auf und erklären, weshalb sie zu ihrer jeweiligen Lösung gekommen sind, oder lassen die anderen Kinder raten, von wem das Bild sein könnte.

Variationen

Jüngere Kinder, die noch nicht schreiben können, können aus Illustrierten Bilder ausschneiden, die symbolisieren, was sie am liebsten mit ihren Händen machen würden.

Man kann das Ganze auch mit einem Fuß machen oder mit dem eigenen Gesicht, das man sich vorher im Spiegel vergegenwärtigt.

Fragen

Teamer könnten über Unterschiede und Gemeinsamkeiten in den verschiedenen Bildern sprechen. Habt ihr eure Hände schon einmal sehr genau betrachtet, dabei die Hautfarbe bemerkt? Die Art und Weise, mit der ihr eure Finger bewegt, und die Handlinien, die vom Ansatz der Finger zum Handknöchel führen?

Anmerkungen

Eine Muschel geht von Hand zu Hand

⑦

🕐 5 Minuten

✓	Zuhören können	✓	Sich abwechseln können
✓	Vertrauen	✓	Loben und gelobt werden
✓	Empathie		

Spielverlauf

Der Teamer bringt eine große Muschel oder einen anderen schönen und außergewöhnlichen Gegenstand in den Sitzkreis mit. Die Kinder reichen die Muschel von einem zum anderen weiter, bis ein Stopp ertönt. Das Kind, das die Muschel nun in der Hand hält, hat jetzt die Gelegenheit, etwas Lobendes über ein anderes Kind im Kreis zu sagen. Anschließend wandert die Muschel weiter bis zum nächsten Stopp. Teamer sollten darauf achten, dass am Ende des Spiels über alle Kinder im Kreis etwas gesagt worden ist.

Variationen

Jedes Kind schreibt seinen Namen unten auf ein Blatt Papier im DINA-4-Format und reicht es weiter. Das nächste Kind schreibt nun eine positive Bemerkung über seinen Nebensitzer auf das Blatt und faltet anschließend das Papier so, dass seine Bemerkung nicht mehr sichtbar ist. Das Papier wird weitergereicht und geht so reihum, bis es schließlich bei der Spielerin landet, deren Namen unten auf dem Blatt steht. Sie studiert die verschiedenen Bemerkungen und liest sie anschließend laut vor.

Dieses Spiel kann man mit Unterbrechungen über mehrere Tage spielen und mit anderen Spielen verbinden, die von etwas längerer Dauer sind.

Fragen

Was haben wir für Gefühle, wenn wir loben und gelobt werden? Gibt es unterschiedliche Arten, andere Kinder zu loben? Wofür möchte man selbst am liebsten gelobt werden? Wofür würde deine Mutter/dein Bruder/deine beste Freundin am liebsten gelobt werden? Gibt es irgendetwas, für das du niemals gelobt werden möchtest?

Anmerkungen

Tolle Eigenschaften

⑩

🕐 50 Minuten

✓ Kreatives Denken	✓ Verständnis für
✓ Kooperation	Charakteristika
✓ Planungsverhalten	✓ Selbst-Wahrnehmung

Dieses Spiel soll Kindern helfen, Eigenschaftswörter für einige wichtige Tätigkeiten und Berufe im späteren Leben zu finden.

Spielverlauf

Der Teamer hat Lose vorbereitet, auf denen jeweils eine besondere Eigenschaft bzw. ein besonderer Beruf vermerkt ist, beispielsweise Spitzensportler, Computerexperte, älterer Bruder, ältere Schwester, beste Freundin, Kunstmaler, Erfinderin, Architektin, Fernsehansager, Filmschauspielerin. Die Anzahl der Lose muss identisch mit der Anzahl der Mitspieler sein. Jede Tätigkeit bzw. jeder Beruf sollte dabei zwei oder drei Mal genannt sein, damit sich kleine Gruppen bilden können. Kinder, die das gleiche Los gezogen haben, setzen sich zusammen und entwerfen ein Plakat oder eine Website, auf dem/der sie die Fähigkeiten und Eigenschaften entweder stichwortartig oder in ganzen Sätzen darstellen, die zum Ausfüllen dieser Rolle idealerweise notwendig sind. Anschließend präsentieren die Untergruppen ihre Ergebnisse der Gesamtgruppe.

Fragen

Jeder von uns hat bemerkenswerte Eigenschaften und Fertigkeiten. Sind die gefundenen Ergebnisse realistisch? Haben deine besten Freunde wirklich alle ideale Eigenschaften, so wie sie in dem Spiel genannt worden sind? Sind „ideale Eigenschaften" wirklich durch Anstrengungen zu erreichen? Oder hängen sie von Vorentscheidungen ab, für die die Kinder nicht verantwortlich gemacht werden können?

Anmerkungen

Augenschau

⑦

🕐 10 Minuten

- ✓ Andere respektieren
- ✓ Beobachtungsgabe
- ✓ Sich abwechseln können
- ✓ Augenkontakt
- ✓ Vertrauen

Spielverlauf

Die Kinder verteilen sich locker im Raum und laufen nach einem vereinbarten Signal langsam los, bis sie ein anderes Kind treffen. Sie stellen sich voreinander und schauen sich eine Minute lang tief in die Augen. Danach erzählen sie sich, wie das Auge des Partners aussieht: Nicht nur im Hinblick auf die Farbe, sondern auch im Hinblick auf alle anderen Details, die wahrgenommen werden können.

Haben beide Kinder diese Beschreibung geleistet, wandern sie weiter, bis sie auf die nächste Partnerin treffen.

Variation

Kinder benutzen einen Spiegel, malen ihre Augen möglichst genau und detailreich nach und kolorieren sie mit Farbstiften. Die Gruppe kann hinterher raten, welche Augen zu welchem Kind gehören.

Fragen

Warum ist der Augenkontakt wichtig, wenn man miteinander spricht? Hast du dir selber schon einmal tief in die Augen geschaut? Kennst du die Farbe deiner Pupille? Wenn du läufst, blickst du dann meistens zur Erde nieder oder schaust du dich in deiner Umgebung um? Welche Botschaften kannst du anderen Kindern mit deinen Augen vermitteln?

Anmerkungen

Zaubertanz

⑤

🕐 10 Minuten

† † †

	✓ Empathie	✓ Selbst-Kontrolle
	✓ Selbst-Wahrnehmung	✓ Beobachtungsgabe
	✓ Sich abwechseln können	

Spielverlauf

Ein Kind spielt einen Zauberer. Der Zauberer ist in der Lage, andere Kinder dazu zu bringen, wie kleine Äffchen zu tanzen, und sie in einer bestimmten Haltung erstarren zu lassen, bis sie durch andere Kinder erlöst werden, welche genau dieselbe erstarrte Haltung annehmen, in der sie „eingefroren" worden sind.

Die Gruppe wird in zwei Hälften geteilt – in die Tänzer und die Erlöser. Die Erlöser stehen in einem weiten Kreis um die Tänzer, Musik ertönt, die Tänzer tanzen wie kleine Äffchen – mehr oder weniger ausdrucksvoll, mehr oder weniger schnell, mehr oder weniger einfallsreich. Dann stoppt der Zauberer die Musik, und die Tänzer verharren in der Stellung, in der sie sich befunden haben, als die Musik ausgesetzt hat. Jetzt suchen sich die Erlöser jeweils ein erstarrtes Kind und ahmen seine Haltung so genau wie möglich nach. Wenn ihnen das gelungen ist, verharren sie in dieser Haltung, und der jeweilige Tänzer ist befreit und kann das Zentrum des Kreises verlassen. Die Erlöser bleiben alle erstarrt, bis auch der letzte Tänzer befreit worden ist. Danach können auch sie sich wieder frei bewegen, und die beiden Gruppen wechseln sich ab. Ein neuer Zauberer wird gewählt. Er startet die Musik von Neuem.

Variation

Man kann statt der Äffchen andere Tiere auswählen und deren charakteristische Bewegungen zu einem Tanz verarbeiten, z. B. Schlangen, Vögel, Krokodile, Maulesel u. a.

Fragen

War es schwer, die ganze Zeit in regloser Haltung auszuharren? Wie leicht oder wie schwer war es, die extreme Haltung eines anderen nachzuahmen? Musstest du an dir selber beobachten, welche Haltung du gerade eingenommen hast, oder hattest du einfach ein Gefühl dafür?

Anmerkungen

Vorstellung bei Hofe

⑦

🕑 5 Minuten

👤 👤 👤

💭

✓ Selbst-Wahrnehmung	✓ Andere respektieren
✓ Zuhören können	✓ Verständnis für besondere
✓ Sich abwechseln können	Charakteristika

Die Teamerin erzählt zunächst eine Geschichte, in der alle Kinder zu einem Fest an einem traditionsreichen tibetanischen Hof eingeladen worden sind und sich dort der Reihe nach selber vorstellen sollen. Dazu benutzt sie eine tibetanische Glocke, die immer einmal läutet, wenn ein neues Kind sich vorstellen soll. Der Widerhall dieser Glocke im Raum schafft eine wunderbare Atmosphäre von Einmaligkeit und Würde.

Spielverlauf

Jedes Kind denkt sich zu seinem Vornamen ein fantasievolles Eigenschaftswort aus, das mit demselben Buchstaben beginnt wie der eigene Vorname. Beispielsweise würdevoller Wolfgang, energiereicher Erich, tapfere Tanja, sensible Sabine. Die Kinder stehen im Kreis, ein Kind hat die Glocke in der Hand und wirft einen Softball in die Runde. Wenn das Kind ihn gefangen hat, läutet die Werferin die Glocke. Sobald der Ton verklungen ist, stellt sich die Fängerin vor: „Ich bin die tapfere Tanja. Ich heiße so, weil ich mich einmal erfolgreich dagegen gewehrt habe, als mir ein Junge mein Handy wegnehmen wollte. Ich freue mich, zu diesem Fest eingeladen zu sein." Danach ertönt wieder die Glocke, und das Kind wirft den Softball einem anderen Kind zu. Das Spiel wiederholt sich.

Variationen

Die Kinder finden für sich eine besondere Eigenschaft, die nicht mit dem ersten Buchstaben ihres Vornamens beginnen muss.

Das Spiel kann auch als Spiel in der Abteilung „Wer bin ich?" verwendet werden, um neue Kinder in einer Gruppe vorzustellen oder eine neue Gruppe zu bilden.

Fragen

Es geht um die Freude daran, den eigenen Namen in einer würdevollen Umgebung zu hören. Wie kann man den eigenen Namen zelebrieren? Kinder sollten sich die Zeit nehmen, über ihre eigenen Qualitäten nachzudenken und Wörter zu suchen, um sich Dritten gegenüber zu beschreiben. Warum ist ein solcher Respekt vor der eigenen Person von Bedeutung? Wie können wir unseren eigenen Selbst-Respekt zeigen, und wie können wir auch anderen Kindern vermitteln, dass wir sie respektieren?

Anmerkungen

Puppenschau

⑤
🕐 5 Minuten

	✓ Selbst-Wahrnehmung	✓ Empathie
	✓ Selbst-Kontrolle	✓ Konzentration

Es gibt so viele Bewegungsspiele, die die Wahrnehmung des eigenen Körpers trainieren, dass es schwierig ist, eines davon für dieses Buch auszuwählen. Ich möchte auf jeden Fall die Notwendigkeit betonen, dass Kinder darin geschult werden, zu beobachten und zu wissen, wie sie ihren eigenen Körper bewegen und wie sie stufenweise Kontrolle über diese Bewegung erlangen können. Zu verstehen, wie der eigene Körper funktioniert und wozu er fähig ist – das ist ein wichtiger Schritt vorwärts zur Entwicklung eigener Selbst-Achtung.

Spielverlauf

Die Teamerin erzählt den Kindern eine Geschichte, in der sie alle als Marionetten auftreten, die an unsichtbaren Fäden hängen. Alle Kinder beginnen in einer Position mit beiden Füßen fest auf der Erde. Die Arme sind nach vorn gestreckt, die Finger sind gespreizt, als ob Arme und Finger an unsichtbaren Fäden hingen. Dann lässt der Puppenspieler die Fäden locker, und die Finger, die Arme und der ganze Körper fallen langsam in sich selber und nach unten zusammen.

Dann zieht der Puppenspieler die Fäden wieder an, und der Kopf, der Oberkörper, der Unterkörper, die Arme und die Finger rollen sich langsam nach oben und strecken sich aus. Das Ganze kann man mehrfach mit unterschiedlichem Tempo arrangieren, man kann dazu auch eine entsprechende Musik vom Band abspielen.

Variation

Man kann das Spiel auch paarweise spielen, hinter jeder Puppe steht ein Puppenspieler. Ohne sie zu berühren, erweckt er den Eindruck, als würde er die Fäden zu verschiedenen Teilen des Körpers anziehen, um sie in unterschiedliche Richtungen in unterschiedlichem Tempo zu bewegen. Man könnte damit beginnen, dass die Puppe zunächst liegt und vom Puppenspieler in einen stehenden Zustand gebracht werden muss, bevor sie zu weiteren Bewegungen veranlasst wird.

Fragen

Was passiert eigentlich, wenn du deinen Körper bewegst? Welche Teile der Bewegung kannst du kontrollieren (Geschwindigkeit, Richtung, Reichweite)? Denke darüber nach, welche komplizierte Abfolge einzelner Bewegungen notwendig ist, damit du dich setzen kannst und damit du hinterher wieder aufstehst. Wie lernen wir eigentlich, unseren Körper dahingehend zu beeinflussen, dass er dies tut? Kannst du sagen, was passiert, wenn deine Muskeln angespannt und wenn sie entspannt sind?

Anmerkungen

Ideen für weitere Spiele zur Selbst-Akzeptanz

Reflexionen

11 Wie ich auf mich aufpasse

Selbst-Achtung und Selbst-Verlässlichkeit

Im Laufe der kindlichen Entwicklung werden jene Fertigkeiten Schritt für Schritt trainiert, die das aufbauen, was wir Selbst-Verlässlichkeit nennen. Jeder einzelne Schritt ist ein enormer Sprung nach vorn und beeinflusst unsere Selbst-Achtung – vor allem, wenn wir uns diesen einzelnen Schritt bewusst machen, ihn benennen und würdigen. Sicherlich werden die körperlichen Fortschritte von Kindern beachtet und anerkannt, die etwa dazu führen, dass sie sich selber anziehen und Fahrrad fahren können. Aber es gibt andere Bereiche von Selbst-Verlässlichkeit, die weder von Kindern noch Erwachsenen beachtet werden. Diese kleinen Triumphe körperlicher und emotionaler Selbst-Verantwortung könnten ein kraftvoller Antrieb zur Motivationsbildung sein, zum unabhängigen Denken, zur Selbst-Wirksamkeit und zur emotionalen Widerstandsfähigkeit. Deshalb sollten wir immer wieder versuchen, sie zu erkennen, sie zu ermutigen und sie ebenso zu beachten und zu würdigen wie andere und äußere Formen körperlicher Selbst-Ständigkeit. Wenn Kinder die Fähigkeiten der Entwicklung von Selbst-Verlässlichkeit zu entwickeln beginnen, sind sie besser in der Lage, ihr Leben zu genießen und mit Aufgaben fertig zu werden, die neue Herausforderungen und Schwierigkeiten mit sich bringen.

Lächeln können

⑤

🕐 5 Minuten

✓ Konzentration	✓ Nonverbale Kommunikation
✓ Selbst-Wahrnehmung	
✓ Beobachtung	

Spielverlauf

Die Kinder sitzen im Kreis und versuchen sehr ernst zu sein. Ein Kind wird gebeten, deutlich und ausdrucksvoll zu lächeln. Es schickt das Lächeln zu dem Kind, das rechts neben ihm sitzt. Das zweite Kind lächelt und verschließt dann seine Lippen, um das Lächeln zu halten. Es wendet sich zu dem Kind rechts neben sich, öffnet die Lippen wieder, um das Lächeln weiterzugeben. Wenn auf diese Weise das Lächeln einmal von Kind zu Kind im Kreis herumgegeben worden ist, kann man das Spiel noch einmal eine Runde lang wiederholen – diesmal aber schneller.

Variation

Man kann ein Lächeln auch auf die andere Seite des Kreises werfen, dabei muss jedes Kind wachsam sein, um es gegebenenfalls auffangen zu können.

Fragen

Kann man eigentlich sein Gesicht zu einem Lächeln bringen, obschon es einem selbst gar nicht danach ist? Wie können wir überhaupt unsere Gefühle kontrollieren? Wie fühlt sich dein Körper, wenn du lächelst? Was bringt dich dazu zu lächeln? Kannst du den Unterschied zwischen einem ursprünglichen Lächeln und dem Versuch benennen, so zu tun, als wenn du lächeln würdest?

Anmerkungen

Der Schneemann taut!

⑤

🕐 5 Minuten

✓ Vorstellungsgabe ✓ Selbst-Beobachtung
✓ Selbst-Wahrnehmung ✓ Wahrnehmung von Dramatischem

Spielverlauf

Die Kinder verteilen sich so im Raum, dass jedes Kind genügend Platz hat, um als Schneemann zu tauen. Der Teamer erzählt eine Geschichte von einem Schneemann, den die Kinder gerade gebaut haben. Jedes Kind steht still, die Arme hängen eng am Körper herab. Alle Muskeln sind gespannt. Nun erklärt der Teamer, dass die Sonne scheint und es wärmer und wärmer wird. Die Kinder fühlen, wie sie langsam schmelzen, bis sie kein Schneemann mehr sind, sondern eine Pfütze von Schneewasser auf dem Boden. Die Muskeln entspannen sich, der Kopf sinkt herab, der Oberkörper wird nach vorn gebeugt, die Knie versagen ihren Dienst, jedes Kind liegt am Boden. Jetzt, so erzählt der Teamer, verdecken dunkle Wolken die Sonne. Es wird kälter, und es beginnt zu schneien. Die geschmolzenen Schneemänner rappeln sich auf und nehmen wieder die Gestalt eines Schneemanns an, den die Kinder gerade gebaut haben. Dann kommt die Sonne wieder hervor, und der Schneemann taut von Neuem. Danach stehen die Kinder auf, schütteln ihre Hände, Arme und Beine, als wollten sie den Schnee und die Wassertropfen von sich abschütteln. Jetzt fühlen sie, wie die Kraft in ihren Körper zurückkehrt.

Fragen

Wie fühlt man sich, wenn man zunächst angespannt war, sich dann aber Schritt für Schritt entspannt hat? Warum ist es für unseren Körper wichtig, manchmal entspannt zu sein? Gibt es so etwas wie eine sinnvolle Anspannung? Was unterscheidet eine sinnvolle Anspannung von „Stress"? Wann müssen wir angespannt sein? Und kennt ihr Situationen, in denen euer Körper angespannt ist, ohne dass er eigentlich sein müsste?

Anmerkungen

Rucksack packen

⑧

🕓 5 Minuten

† † †

∽∽ ∽∽

✓ Zuhören können   ✓ Kreatives Denken
✓ Gedächtnis   ✓ Kategorisierungsfähigkeit
✓ Sich abwechseln können

Dies ist ein bekanntes Gedächtnisspiel, das Kindern helfen soll, sorgfältig darüber nachzudenken, was sie in unterschiedlichen Situationen brauchen könnten.

Spielverlauf

Die Teamerin regt ein Brainstorming über verschiedene Unternehmungen und Abenteuer an, die unterschiedliche Kleidung und unterschiedliche Ausrüstungen benötigen – beispielsweise bergsteigen, tauchen, auf einen Abenteuerspielplatz gehen, eine Wüstenwanderung unternehmen, auf Spitzbergen wandern, Pilze suchen …

Die Kinder entscheiden sich unter Anleitung des Teamers für eine dieser Aktivitäten. Das erste Kind beginnt: „Ich packe jetzt meinen Rucksack. Da kommt eine Taucherbrille hinein …" Das zweite Kind wiederholt diesen Satz und fügt einen zweiten Gegenstand hinzu. Das dritte Kind wiederholt den Satz mit den beiden Gegenständen und fügt einen dritten Gegenstand hinzu … Wenn die Liste zu lang wird, kann die Teamerin das Rucksackpacken stoppen und eine zweite Unternehmung ausrufen.

Variation

Ältere Kinder können bestimmte Ausrüstungsgegenstände zurückweisen, die sie für unnötig halten oder die den Rucksack zu sehr belasten.

Fragen

Wie können wir uns auf Abenteuer und Herausforderungen vorbereiten? Wenn wir vorhersehen könnten, dass wir in schwierige Situationen geraten werden, wie würden wir uns dann darauf vorbereiten?

Anmerkungen

Die Löwen kommen

⑤
🕐 5 Minuten

☻ ☻ ☻

✓ Zuhören können   ✓ Einbildungskraft
✓ Selbst-Wahrnehmung   ✓ Selbst-Kontrolle
✓ Beobachtung

Spielverlauf

Der Teamer erzählt den Kindern eine Geschichte. Er ist Bürgermeister einer kleinen Ortschaft mitten im Dschungel. Er ist für das Wohlergehen der Kinder dieser Ortschaft verantwortlich. Die Kinder sind eine sehr lebendige und sehr laute Gruppe, die den ganzen Tag „wie der Wind durch den Dschungel rennt". Das ist eigentlich ungefährlich – aber manchmal kommen zwei Löwen in die Nähe des Dorfes. Als Bürgermeister, der die Übersicht hat, kann er die beiden Löwen schon von Weitem erkennen. Die Kinder müssen dann sorgfältig beobachten, was er macht: Er setzt sich schnell auf den Boden und hält die Hand vor den Mund. Das bedeutet für alle anderen Kinder, dass sie sich ebenfalls blitzschnell auf den Boden setzen, die Hand vor den Mund halten und mäuschenstill sein müssen. Damit tricksen sie die beiden Löwen aus, die sich schnell wieder entfernen. Dann steht der Bürgermeister wieder auf und ruft: „Jetzt könnt ihr rennen wie der Wind!"

Variation

Der Teamer bestimmt einen neuen Bürgermeister, ohne dass die Kinder wissen, wer es ist. Sie müssen also beim Durcheinanderlaufen alle anderen Kinder beobachten, um zu bemerken, wer sich plötzlich auf den Boden setzt und die Hand vor den Mund hält.

Fragen

Wie schwierig ist es, aus einer schnellen Bewegung plötzlich zum Stillstand veranlasst zu werden? Wie wichtig ist es, schnell zwischen erhöhter Aktivität und großer Ruhe umschalten zu können?

Anmerkungen

Schlafende Monster

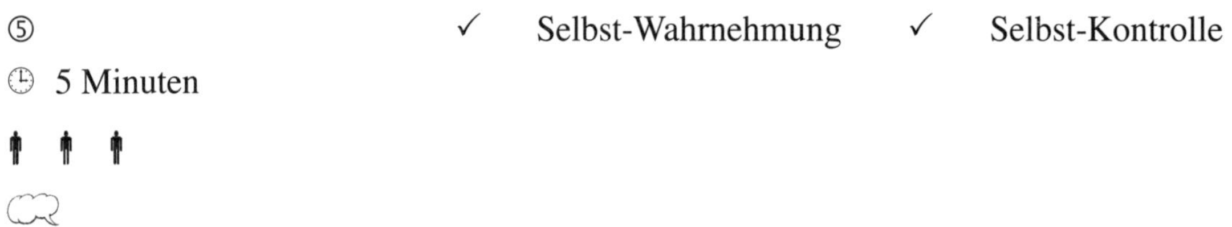

⑤   ✓   Selbst-Wahrnehmung   ✓   Selbst-Kontrolle

🕐 5 Minuten

Dieses Spiel ist eine Variante des bekannten Spiels von den „Schlafenden Löwen".

Spielverlauf

Die Teamerin erzählt die Geschichte von den kleinen Monstern, die in einen Zauberwald geraten und plötzliche todmüde werden, umfallen und sofort einschlafen. Dann stellt sie eine vorbereitete Musik an, die mit einem schweren pochenden Rhythmus beginnt und mit zarten Streicherklängen endet, wenn die stampfenden Monster in den Zauberwald geraten.

Jetzt stampfen die kleinen Monster mit schweren Schritten durch den Raum. Wenn sie die leiser werdende Musik hören, gähnen sie, legen sich nieder und schlafen sofort ein. Die Teamerin geht langsam und leise durch den Raum, um zu sehen, ob alle kleinen Monster wirklich eingeschlafen sind und sich nicht mehr bewegen. Sobald sie ein Kind sieht, dass sich noch bewegt – und sei es nur ein wenig –, berührt sie das Kind und es muss das Spiel verlassen. Wenn die leise Musik vorbei ist, wachen die kleinen Monster auf, räkeln sich, stehen auf und stampfen weiter.

Fragen

Ändert sich eigentlich der Rhythmus deines Atems, wenn du sehr still bist? Wie ändert er sich? In welchen Situationen könnte es hilfreich sein, wenn du dich dazu bringst, ruhig, langsam und bedächtig zu atmen?

Anmerkungen

Kreisbewegung

⑤

🕐 5 Minuten

✓ Selbst-Wahrnehmung   ✓ Konzentration

✓ Augenkontakt   ✓ Beobachtungsgabe

✓ Sich abwechseln können

Spielverlauf

Die Kinder sitzen im Kreis. Ein Kind beginnt mit einer Bewegung – beispielsweise beginnt es mit der rechten Schulter zu kreisen. Das Kind rechts von ihm schließt sich dieser Bewegung an, dann das nächste Kind, das übernächste Kind – bis der ganze Kreis die rechte Schulter kreisen lässt. Dann stoppt das erste Kind seine Bewegung, und die Kinder links von ihm hören ebenfalls eines nach dem anderen auf mit der Schulter zu kreisen, bis der ganze Kreis wieder in Ruhe ist. Jetzt macht das Kind links vom ersten Kind eine andere Bewegung vor, die sich nach rechts im Kreis fortsetzt und nach links im Kreis wieder nacheinander gestoppt wird.

Variationen

Zwei Kinder, die sich im Kreis gegenübersitzen, beginnen gleichzeitig mit zwei unterschiedlichen Bewegungen und schicken sie jeweils nach rechts bis zum Ende des Halbkreises. Dann werden sie in der Gegenrichtung gestoppt.

Kinder können auch eine Bewegung durch Augenkontakt einem anderen Kind im Kreis zuwerfen. Beide beenden die Bewegung dann gleichzeitig.

Frage

Aktiv und in Bewegung zu sein, kann uns in gute Stimmung versetzen. Schon ein wenig körperliche Bewegung kann uns helfen, uns besser zu konzentrieren. Welche Art körperlicher Bewegung mögen einzelne Kinder am liebsten?

Anmerkungen

Lach doch mal!

⑤

🕐 5 Minuten

   ✓   Selbst-Wahrnehmung   ✓   Augenkontakt
   ✓   Selbst-Kontrolle   ✓   Einfallsreichtum
   ✓   Sich abwechseln können

Spielverlauf

Die Kinder sitzen sich paarweise gegenüber. Die einen sind A, die anderen B. Sie halten Augenkontakt und versuchen, ein ausdrucksloses Gesicht zu machen. Der Teamer wartet, bis alle ruhig sind, und ruft dann: „Lach doch mal!" Dann versucht A, B zum Lachen zu bringen, ohne ihn zu berühren. Wenn alle oder nahezu alle B-Kinder lachen, ruft der Teamer: „Das Lachen ist weg!" Dann nehmen die Kinder wieder ihre Ausgangsposition ein. Auf den erneuten Ruf hin: „Lach doch mal!", versucht nun Kind B sein Gegenüber zum Lachen zu bringen.

Variationen

Die Kinder liegen im Kreis auf dem Boden, die Köpfe nahe beieinander, die Beine weisen nach außen, die Hände liegen entspannt auf dem Bauch. Ein Kind beginnt damit „Ha!" zu sagen. Das zweite Kind sagt: „Ha, ha!" Das dritte Kind sagt: „Ha, ha, ha!", und so weiter. Das geht so lange, bis ein Kind in echtes Lachen verfällt. Dann kehrt Ruhe ein, und ein anderes Kind beginnt eine neue Runde, indem es „Ho!" ruft.

Man kann dieses Spiel auch so gestalten, dass jeweils ein Kind mit dem Kopf auf dem Bauch eines anderen Kindes liegt. Die Bauchbewegung beim Lachen des ersten Kindes kann das zweite Kind sehr schnell dazu bringen, ebenfalls wirklich zu lachen.

Fragen

Was bedeutet lachen? Was ist der Unterschied zwischen dem Lachen über jemanden und dem Lachen mit jemandem? Lachen kann sehr unterschiedliche Formen annehmen und unterschiedliche Qualitäten besitzen. Jeder von uns kann beim Lachen eines anderen unterschiedliche Gefühle haben.

Anmerkungen

Mutproben

⑤

🕐 5 Minuten

   ✓ Selbst-Wahrnehmung   ✓ Andere respektieren

   ✓ Vertrauen   ✓ Loben und gelobt werden

   ✓ Sich abwechseln können

Spielverlauf

Der Teamer bespricht mit den Kindern Situationen, die schwierig sind und wegen ihres ungewissen Ausgangs Mut erfordern. Man kann ziemlich alltägliche Situationen zum Anlass nehmen: Der erste Tag in einer neuen Schule, Fahrradfahren lernen, zum ersten Mal vom Ein-Meter-Brett springen, zum ersten Mal auf der Theaterbühne der Schule stehen …

Man kann aber auch Situationen wählen, die sehr außergewöhnlich sind: Nach einigen Stunden Boxunterricht zum ersten Mal gegen einen wirklichen Gegner im Ring stehen, zum ersten Mal eine Woche lang getrennt von den Eltern im Schullandheim übernachten …

Die Kinder sollten sich mindestens zehn solcher Situationen vorstellen. Wenn Schulkinder spielen, können diese Situationen auch aufgeschrieben werden. Jetzt geht es darum, die Kinder zu einem Brainstorming anzuregen, in dem wir den Mut eines Kindes honorieren, das eine solche Mutprobe (wenn auch vielleicht mit zusammengebissenen Zähnen) bestanden hat. Es könnte sich dabei um einen Zuruf handeln („Toll gemacht!" „Bravo!"), um eine ausgestreckte rechte Faust mit dem Daumen nach oben, um anhaltendes Händeklatschen, um ein lautmalerisches Wow! …

Jetzt sollte der Reihe nach jedes Kind eine aus ein paar Sätzen bestehende Geschichte erzählen, in der sie selber als Hauptperson mutig war. Kinder, denen keine eigene Geschichte einfällt, können auch Beispiele aus der Liste auf dem Packpapier nehmen. Die anderen Kinder reagieren auf diese Geschichte durch unterschiedliche Reaktionen, die sie vorher im Brainstorming aufgelistet haben.

Variation

Man kann auch versuchen, von den eher spektakulären Situationen herunterzukommen und sich auf kleine, alltägliche Triumphe zu konzentrieren: sich überwunden haben und eine ungeliebte Hausaufgabe erledigen, eine schmerzliche Entscheidung treffen, mit einem Kind zusammenarbeiten, das man eigentlich nicht mag …

Reflexion

Im Gespräch sollte die Aufmerksamkeit der Kinder darauf gerichtet werden, die kleinen alltäglichen Überwindungen und Siege zu erkennen, anzuerkennen und zu belohnen. Häufig ist es so, dass andere solche kleinen Siege überhaupt nicht wahrnehmen oder für selbstverständlich halten. Auch wenn sie uns dafür nicht loben, bedeutet das nicht notwendigerweise, dass sie nicht gemerkt haben, dass wir mutig gewesen sind.

Anmerkungen

Ideen für weitere Selbst-Verlässlichkeitsspiele

Reflexionen

12 Nicht immer nur reden

Selbst-Achtung und Selbst-Ausdruck

In diesem Kapitel befasse ich mich mit der Art und Weise, wie wir mit anderen Menschen nicht nur verbal kommunizieren, sondern auch durch unsere Körpersprache, unseren Gesichtsausdruck, die Färbung unserer Stimme und durch die Herstellung von Nähe und Ferne zu unseren Kommunikationspartnern.

Das, was uns andere Menschen durch nonverbale Kommunikation vermitteln, richtig wahrzunehmen, zu lesen und zu deuten, ist eine Fertigkeit, die weder uns Erwachsenen noch unseren Kindern in die Wiege gelegt worden ist. Das mag besonders schwierig für Kinder sein, deren wichtige Bezugspersonen bisher in ihren Botschaften mehrdeutig gewesen sind und in Zuwendung und Abwendung keine vorausschaubare Regelhaftigkeit gezeigt haben. Aber in diesem Kapitel geht es nicht nur darum, den Selbst-Ausdruck anderer richtig lesen zu können, sondern auch darum, dass wir uns selber so ausdrücken können, wie wir verstanden werden wollen.

Gefühle

⑤

🕐 5 Minuten

👤 👤 👤

💬

✓ Dramatisches Bewusstsein	✓ Nonverbale Kommunikation
✓ Vorstellungskraft	✓ Selbst-Wahrnehmung

Spielverlauf

Der Teamer spricht über unterschiedliche Gefühle, die wir empfinden und wie wir sie ausdrücken können. Er macht das vor, und die Kinder versuchen es nachzuahmen. Sobald die Kinder über mehrere verschiedene Möglichkeiten des Ausdrucks von Gefühlen verfügen, beginnt das Spiel. Der Teamer gibt ein Gefühl vor, und jedes Kind versucht, auf seine Weise dieses Gefühl nonverbal auszudrücken – als Tier, durch eine Bewegung, durch einen Gesichtsausdruck, durch die Art und Weise zu laufen, zu stehen oder zu sitzen …

Dann ruft der Teamer: „Stopp", und jedes Kind verharrt in der Pose, in der es sich gerade befindet, und lässt sie ein paar Sekunden auf sich wirken, um zu fühlen, was sich im Körper bewegt. Dann schüttelt jedes Kind das erzeugte Gefühl aus sich heraus, und die Gruppe versucht es auf Zuruf durch den Teamer mit einem anderen Gefühl. Das Spiel sollte mindestens mit zwei positiven Gefühlen beendet werden.

Variation

Der Teamer sollte nicht nur ein Gefühl vorgeben, sondern eine Situation kurz beschreiben und dann das damit verbundene Gefühl ansagen: Traurig schäle ich in der Küche Kartoffeln, wütend beiße ich in einen Apfel, enthusiastisch dirigiere ich den Schulchor …

Fragen

Manchmal können wir etwas auf eine entspannte und zugewandte Weise sagen, obwohl unsere Gefühle in eine ganz andere Richtung weisen. Wie ist es mit unserer Körpersprache? Wenn uns jemand sagt, dass er zornig ist, und uns dabei gleichzeitig mit einem entspannten und fröhlichen Gesichtsausdruck anblickt – wem glauben wir dann eher? Dem, was er sagt, oder dem, was sein Gesicht ausdrückt?

Anmerkungen

Wenn Hände sprechen könnten

⑤
🕐 5 Minuten

- ✓ Vorstellungskraft
- ✓ Nonverbale Kommunikation
- ✓ Selbst-Wahrnehmung
- ✓ Rollenspiel

Spielverlauf

Der Teamer bittet die Kinder sich jetzt im Raum zu verteilen, sodass jedes Kind genug Platz hat, um seine Arme und Hände frei bewegen zu können, ohne dabei andere Kinder zu berühren. Der Teamer demonstriert, wie wir unsere Arme frei in der Luft bewegen und zur gleichen Zeit unabhängige Bewegungen mit den Händen vollführen können. Wenn alle Kinder sich frei bewegen, ruft der Teamer „Stopp!", dann verharren alle Kinder in der Stellung, die sie beim Ertönen des Rufes gerade inne hatten. Jetzt wird jedes Kind gebeten, einen Arm fallen zu lassen und den anderen Arm mit der Hand in der eingefrorenen Stellung zu halten. Wie würden wir diese „eingefrorene Geste" nennen? Bitten Sie die Kinder dann, ihre Hand in eine etwas andere Position zu bringen. Was sagt uns die Sprache dieser Hand?

Frage

Sprechen Sie mit den Kindern darüber, wie selbst so kleine Veränderungen in der Körpersprache einen großen Unterschied in dem machen können, was wir ausdrücken und wie andere Kinder uns erleben. Können wir uns Gesten ausdenken, die auf den ersten Blick sehr ähnlich wirken, aber dennoch Unterschiedliches ausdrücken?

Anmerkungen

Wenn Gefühle Farben hätten

⑤

🕐 10 Minuten

♦ ♦ ♦

- ✓ Empathie
- ✓ Vorstellungskraft
- ✓ Beobachtung
- ✓ Nonverbale Kommunikation
- ✓ Ansätze für Rollenspiele

Spielverlauf

Die Teamerin erzählt zur Einführung eine Geschichte, in der Gefühle als Farben vorkommen. Die Trauer schreitet niedergeschlagen in langen schwarzen Röcken einher, die Angst ist fahl grau oder grün und weicht mit fahrigen Bewegungen zurück, der Neid hat gelbe Backen und ein zur Grimasse verzogenes Gesicht, die Freude bewegt sich mit langen Sprüngen in einem ziegelroten Hosenanzug …

Fragen Sie danach die Kinder, von welcher Farbe sie heute wären und warum sie gerade diese Farbe gewählt hätten. Dann sollen die Kinder versuchen „nachzufühlen", was es bedeutet, in dieser Farbe durch den Raum zu gehen.

Variationen

Fangen Sie nicht mit den Gefühlen an, sondern mit den Farben. Alle Kinder benutzen dieselbe Farbe und bewegen sich in ihr im Raum. Dann fragen Sie die Kinder, welche Gefühle in ihnen aufsteigen, wenn sie sich in dieser Farbe durch den Raum bewegen.

Wählen Sie drei oder vier verschiedene Farben nacheinander.

Eine Untergruppe wählt insgeheim eine bestimmte Farbe und stellt diese Farbe dem Rest der Gruppe dar, die raten müssen, um welche Farbe es sich handelt.

Fragen

Wie bewegen sich die unterschiedlichen Farben? Bewegen sich alle blauen Farben auf dieselbe Art? Ist es eigentlich schwer, von einer Farbe zu einer anderen Farbe zu wechseln? Wann passiert so etwas? Warum heißen bestimmte Stunden „blaue Stunden"? Warum ist mancher Tag ein „schwarzer Tag"?

Anmerkungen

Fühlen und handeln

⑦

🕐 5 Minuten

♦ ♦ ♦

✓	Selbst-Wahrnehmung	✓	Vorstellungskraft
✓	Empathie	✓	Beobachtung
✓	Sich abwechseln können		

Spielverlauf

Die Kinder stehen im Kreis einander zugewandt. Ein Kind tritt einen Schritt nach vorn in den Kreis und zeigt mit dem gesamten Körper, wie es sich heute fühlt. Dann sagt es seinen Namen auf eine Weise, die dieses Gefühl ebenfalls reflektiert. Danach tritt es zurück. Jetzt macht der Rest der Gruppe einen Schritt nach vorn und wiederholt die Geste und den Namen des ersten Kindes. Dann treten alle wieder zurück. Das nächste Kind tritt nach vorn, zeigt sein Gefühl des heutigen Tages, nennt seinen Namen und tritt zurück …
Bei diesem Spiel braucht man die Namen der Gefühle selber nicht auszusprechen.

Variation

Alle Spieler liegen auf dem Bauch am Boden. Das erste Kind steht auf, zeigt seine Gefühle, nennt seinen Namen und legt sich dann wieder nieder. Jetzt springt die gesamte Gruppe auf, wiederholt die Geste des Gefühls und legt sich wieder nieder …

Fragen

Hast du schon einmal Gefühle gehabt, die du selber nicht verstanden hast oder bei denen du nicht wusstest, warum du sie hast? Zeigen Kinder die gleichen Gefühle auf unterschiedliche Weise?

Anmerkungen

Wer hat den Ball?

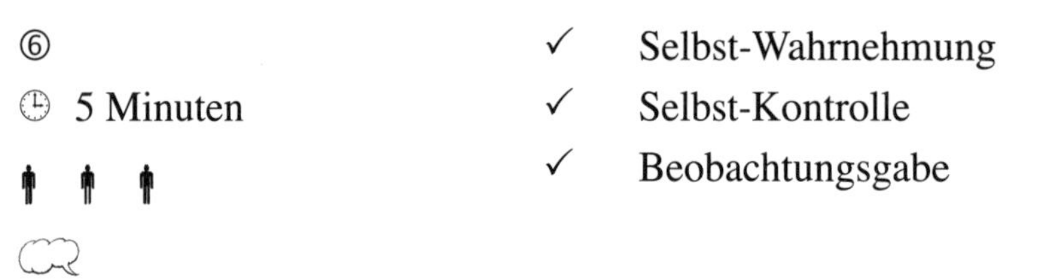

✓ Selbst-Wahrnehmung	✓ Nonverbale Kommuni-kation
✓ Selbst-Kontrolle	
✓ Beobachtungsgabe	

Spielverlauf

Ein Kind verlässt den Raum. Die anderen Kinder werfen einen kleinen Ball im Kreis herum – so lange, bis das Kind, das hinausgegangen ist, drei Mal laut an die Tür klopft und wieder eintritt. Das Kind, das in diesem Augenblick den Ball hat, verbirgt ihn. Alle Kinder machen sehr verschiedene Gesichter. Das Kind, das draußen war, schaut jedes Kind durchdringend an, um nun herauszufinden, welches Kind den Ball versteckt hält. Es hat drei Versuche frei. Dann verlässt ein anderes Kind den Raum für eine neue Runde.

Variation

Eine große Glasperle mit Loch in der Mitte oder ein Fingerring wird an einer langen dünnen Schnur befestigt. Die Kinder stehen im Kreis, strecken ihr Hände wagerecht nach vorn (Handfläche nach unten) und lassen den Ring oder die Perle an der Schnur von Kind zu Kind wandern, bis das Kind, das nach draußen gegangen ist, drei Mal an die Tür klopft und wieder eintritt. Der Ring bleibt ab diesem Moment in der Hand eines Kindes. Das wieder in den Raum tretende Kind muss nun erraten, unter welcher Handfläche der gesuchte Ring oder die Perle verborgen ist.

Fragen

An welcher Körperhaltung und an welchem Gesichtsausdruck haben die suchenden Kinder den Ball (oder den Ring) entdeckt? Welche Teile des Gesichtes können am besten Gefühle und Befindlichkeiten ausdrücken? Die Augen? Der Mund? Die Nase? Die Stirn? Das ganze Gesicht?

Anmerkungen

Das bin ich

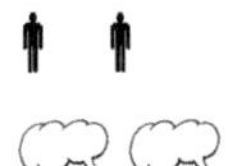

⑦

🕐 10 Minuten

✓ Vorläufer von Rollen-
spiel
✓ Selbst-Wahrnehmung
✓ Beobachtungsgabe

✓ Verständnis für Charak-
teristika
✓ Nonverbale Kommuni-
kation

Spielverlauf

Als Vorbereitung fertigen die Teamer eine Liste positiver Eigenschaftswörter an, die man benutzen kann, um die Handlungen einer anderen Person zu beschreiben. Zum Beispiel sorgfältig, freundlich, kreativ. Sie schreiben diese Eigenschaftswörter auf getrennte Karten. Dann kommt die Kindergruppe dazu: Sie soll im Brainstorming zehn Handlungsweisen festlegen und sie ebenfalls auf zehn verschiedene Karten schreiben. Beide Kartensätze werden gemischt und nebeneinander verdeckt auf den Tisch gelegt. Jetzt tritt das erste Kind an den Tisch, wählt von jedem der beiden Kartensätze eine Karte aus und versucht die darauf notierte Handlung auf die ebenfalls notierte Art und Weise auszuführen. Der Rest der Gruppe versucht herauszufinden, welches Eigenschaftswort in der Handlung dargestellt wird.

Variation

In größeren Gruppen können die Kinder die jeweils kombinierten Handlungen in Gruppen von jeweils drei oder vier Kindern ausüben, während die anderen Kinder raten.

Fragen

Sind wir in der Art und Weise, wie wir Handlungen ausüben, beständig? Oder wechseln wir diese Art und Weise, je nach dem, was wir tun? Und wem gegenüber zeigen wir unsere Hauptcharakteristika nur in Handlungen oder auch anderswie?

Anmerkungen

Ich bin dein Spiegel

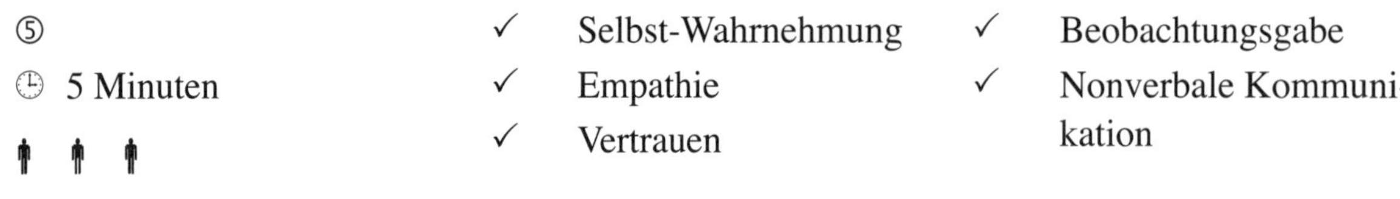

⑤

🕐 5 Minuten

   ✓ Selbst-Wahrnehmung   ✓ Beobachtungsgabe
   ✓ Empathie   ✓ Nonverbale Kommuni-
   ✓ Vertrauen   kation

Spielverlauf

Kinder sitzen einander paarweise gegenüber und versuchen abwechselnd, die Handbewegungen des jeweils anderen Kindes so genau wie möglich zu spiegeln.

Variationen

Teamer können Musik einsetzen, um verschiedene Stimmungen auszulösen und die teilnehmenden Kinder zu unterschiedlichen Handbewegungen anzuregen.

Die Teamer können auch ein Thema vorgeben, das durch die Handbewegungen illustriert werden soll.

Fragen

Wie leicht oder wie schwierig war dieses Spiel? Welche Fertigkeiten sind nötig, um die Handbewegungen des Partners genau spiegeln zu können? Benutzt du deine Hände häufig, wenn du sprichst? Kennst du jemanden, der beim Reden auf eine sehr eindrückliche Weise seine Hände benutzt? Kennst du jemanden, der beim Reden seine Hände immer ganz ruhig hält? Fallen dir gewöhnlich die Handbewegungen deiner Gesprächspartner auf?

Anmerkungen

Bühnenschau

⑩

🕐 30 Minuten

† † †

☁

✓ Selbst-Wahrnehmung	✓ Selbst-Respekt
✓ Vertrauen	✓ Rollenspiel
✓ Kreatives Denken	

Kinder, die dieses Spiel spielen, müssen sich zu Hause gut vorbereiten.

Spielverlauf

Wenn möglich sollte man versuchen, eine Art Bühne im Spielzimmer zu arrangieren. Der fehlende Vorhang kann durch das An- und Ausknipsen gerichteten Lichtes ersetzt werden, damit jedes Kind, das in dem Spiel aktiv beteiligt sein möchte, einen „Auftritt" erhält. Dazu zeigt und kommentiert jedes Kind einen Gegenstand oder eine Errungenschaft, die ihm besonders wichtig ist oder die es selber hergestellt hat: eine Zeichnung, einen Tanz, eine Kurzgeschichte, ein Gedicht, ein kurzes Musikstück, ein Lied, aber auch ein bevorzugtes Spielzeug oder einen silbernen Kamm als Erbstück von der Großmutter. Es steht auf der Bühne, das Licht wird angeknipst. Das Kind nennt seinen Namen, zeigt das Schaustück, auf das es besonders stolz ist, kommentiert es oder erzählt darüber eine kurze Geschichte. Danach geht das Licht aus, und die anderen Kinder, die zugehört und zugeschaut haben, äußern ihre Wertschätzung durch verschiedene Formen von Zustimmung und Applaus.

Variation

Auch ohne Vorbereitung können Kinder etwas, was sie an dem Tag gerade tragen oder bei sich haben, vorzeigen und dazu eine Geschichte erzählen, die die Bedeutsamkeit dieses Gegenstandes unterstreicht.

Reflexion

Kinder sollten auf die Fülle der Möglichkeiten aufmerksam gemacht werden, die zeigen, wie sie fühlen und was sie sich selbst wert sind.

Anmerkungen

Das Interview

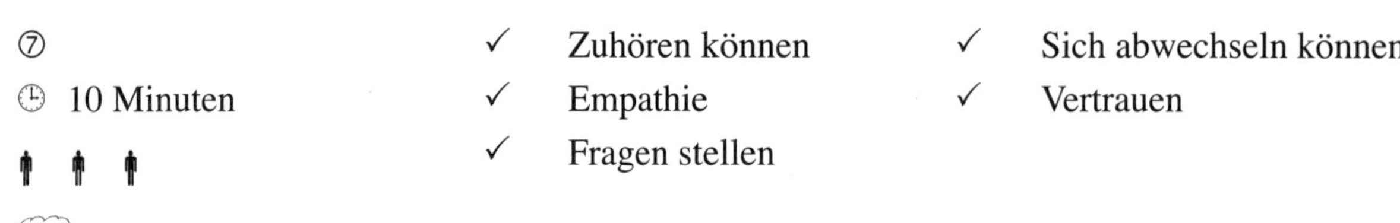

⑦

🕐 10 Minuten

👤 👤 👤

💭

✓ Zuhören können	✓ Sich abwechseln können
✓ Empathie	✓ Vertrauen
✓ Fragen stellen	

Spielverlauf

In der Mitte des Raumes steht ein Stuhl für das zu befragende Kind. Der Stuhl soll in einer besonderen Weise hervorgehoben sein. Der Teamer erklärt das Verfahren und bittet ein Kind, sich freiwillig zu melden. Das zu befragende Kind wird vom Rest der Gruppe interviewt. Manchmal ist es nützlich, wenn der Teamer mit ein oder zwei Fragen beginnt, damit das Eis gebrochen wird und die Reichweite der zu stellenden Fragen vorgeführt werden kann. Die Fragen beziehen sich auf Vorlieben und Abneigungen, auf Wünsche, auf die Ferienzeit, Haustiere und Lieblingsbücher, spezielle Interessen und Aktivitäten …

Variation

Man kann zwei sich gegenüberstehende Stühle benutzen. Auf dem einen Stuhl sitzt das zu befragende Kind, der andere Stuhl bleibt zunächst leer. Auf ihn setzen sich jeweils einzelne Kinder, die eine Frage stellen wollen. Sie stellen ihre Frage und machen, nachdem sie die Antwort gehört haben, den Platz frei für den nächsten Fragesteller.

Fragen

Wie fühlst du dich, wenn du die Chance hattest, in einer öffentlichen Anhörung befragt zu werden? Wie unterscheidet sich eine solche Anhörung von einem normalen Gespräch, bei dem deine Gesprächspartner ja auch Fragen stellen? Geben wir in einer solchen Situation immer ganz ehrliche Antworten? Oder reden wir manchmal „um den heißen Brei herum"?

Anmerkungen

Ideen für weitere Spiele, die den Selbst-Ausdruck üben

Reflexionen

13 Wie wir Probleme lösen können

Selbst-Achtung und Selbst-Vertrauen

Selbst-Vertrauen ist das Ergebnis eines Prozesses zur Entwicklung unseres Wissens und unserer Fertigkeiten, mit denen wir Probleme lösen und dabei flexibel genug mit unterschiedlichen Methoden zur Lösung dieser Probleme experimentieren können.

Wir alle haben ein großes kreatives Potenzial. Aber nur wenige von uns trauen sich, es konstruktiv zu nutzen. Das Maß unserer Bereitschaft, kreativ zu sein, ist deshalb ein wichtiges Element unseres Selbst-Konzeptes.

Indem Kinder lernen, die Enttäuschungen zu ertragen, die damit verbunden sind, im experimentellen Prozess Fehler zu machen, beginnen sie, ihren eigenen Urteilen und Entscheidungen in zunehmendem Maße zu trauen. Das wiederum verstärkt ihre Fertigkeiten und ihren Selbst-Wert und gibt ihnen das Zutrauen, dass sie auch in Zukunft fähig sein werden, mit unterschiedlichen Schwierigkeiten auf wirksame Art und Weise fertig zu werden.

Stell dir vor!

⑨

🕐 5 Minuten

👤 👤 👤

💬

✓ Vorstellungskraft	✓ Pantomime
✓ Kreatives Denken	✓ Nonverbale Kommuni-kation
✓ Beobachtungsgabe	

Spielverlauf

Die Spieler stehen im Kreis mit Blick ins Zentrum. Der Teamer erklärt, dass es jetzt darum geht, einen Gegenstand in der Vorstellung zu erfinden und diesen Gegenstand in der
Vorstellung dem Nachbarn zu übergeben. Der Nachbar verändert unter seinen Händen diesen Gegenstand und reicht ihn in veränderter Form weiter. So nimmt der Teamer einen
fantasierten Hut vom Kopf und reicht ihn vorsichtig an das Kind rechts neben sich weiter.
Dieses Kind nimmt den imaginierten Hut vorsichtig in die Hand und verwandelt ihn in einen anderen imaginierten Gegenstand – vielleicht eine Obstschale, vielleicht einen Volleyball … Das nächste Kind nimmt den imaginierten Volleyball entgegen und verwandelt
ihn in einen Tretroller … Wenn das Objekt wieder beim Teamer angekommen ist, verwandelt er es in einen Hut und setzt ihn auf. Die Kinder müssen dafür Sorge tragen, dass sie
die Verwandlung des entgegengenommenen Objektes in das Objekt ihrer eigenen Wahl
deutlich markieren.

Variation

Der Teamer gibt ein imaginiertes Objekt weiter, das nun nicht mehr verändert, sondern
von den verschiedenen Kindern auf unterschiedliche Weise pantomimisch benutzt wird.

Fragen

War es eigentlich schwer, von der Benutzung realer Dinge auf die Benutzung vorgestellter Dinge umzuschalten? Und noch dazu, die vorgestellten Gegenstände mit der eigenen
Fantasie in neue vorgestellte Gegenstände umzuwandeln?

Anmerkungen

Siamesische Zwillinge

⑦

🕐 5 Minuten

      ✓ Zuhören können   ✓ Vertrauen

      ✓ Zusammenarbeit ✓ Selbst-Wahrnehmung

Spielverlauf

Die Kinder stellen sich im Kreis hintereinander auf. Jedes Kind fasst das Kind vor sich fest an der Taille. Nach einer vorbereiteten Tanzmusik laufen die Kinder im Takt im Kreis, und wenn die Musik stoppt, setzen sie sich vorsichtig auf den Schoß des Kindes hinter ihnen. Voraussetzung dafür ist, dass die Kinder ein Gefühl dafür entwickeln, ob und wann sich das Kind hinter ihnen bereits niedergesetzt hat. Am Anfang wird der Kreis wahrscheinlich in sich zusammenfallen. Den meisten Gruppen gelingt es aber nach mehreren Versuchen, damit fertig zu werden.

Anmerkungen

Schiffbrüchig

⑨

🕐 30 Minuten

† † †

ↀ ↀ ↀ

✓ Verhandlungsgeschick　✓ Kreatives Denken
✓ Kompromissfähigkeit　✓ Problemlösung
✓ Kooperation

Spielverlauf

Die Gruppe wird in zwei oder höchstens drei kleine Untergruppen geteilt. Die Teamerin erzählt die Geschichte von einer gemeinsamen Seereise, die mit einem Schiffbruch endet. Es steht nur ein Rettungsboot zur Verfügung, in das die Kinder zehn Gegenstände mitnehmen können. Zunächst denkt jede der Gruppen getrennt über zehn besonders wichtige Gegenstände nach, die eventuell für das Überleben auf einer einsamen Insel notwendig sein könnten. Sie einigen sich auf zehn Gegenstände. Dann treten sie mit der zweiten Gruppe in Verhandlung, weil es nur insgesamt zehn Gegenstände sind, die die Kinder mitnehmen können. Wenn sie sich geeinigt haben, treten sie in Verhandlung mit der dritten Gruppe, um gemeinsam die Zahl der noch zwanzig Gegenstände auf zehn zu reduzieren.

Variation

Wieder haben die Kinder ihr Schiff verloren. Gerettet haben sie zwei leere Plastikflaschen, mit denen sie auf einem einsamen Eiland überleben wollen. Wie und wofür kann man diese beiden leeren Plastikflaschen benutzen?

Fragen

Waren alle mit dem gefundenen Kompromiss zufrieden? Hatte jedes Kind die Möglichkeit, seine Ideen einzubringen? Hat es bei der abschließenden Diskussion so etwas wie einen informellen Meinungsführer gegeben? Wie leicht oder wie schwer war es, sich schließlich auf zehn Gegenstände zu einigen? Worin besteht die Stärke, wenn man in einer Gruppe versucht, schwierige Probleme zu lösen?

Anmerkungen

Ein neues Spiel mit dem Sprungtuch

⑤

🕐 10 Minuten

    ✓ Zuhören können   ✓ Vertrauen
    ✓ Zusammenarbeit   ✓ Selbst-Wahrnehmung

Spielverlauf

Die Kinder kauern sich nieder, das Fallschirmtuch liegt auf der Erde, die Kinder halten die Ränder in der Hand. Dann ruft die Teamerin: „Eins, zwei, drei, Fallschirm hoch!" Alle stehen schnell auf und halten die Arme über den Kopf. Dann gibt die Teamerin die Anweisung, das bestimmte Kinder unter dem Fallschirm hindurchgehen sollen. Etwa: „Alle Kinder, die zum Frühstück Milch getrunken haben", oder: „Alle Kinder, die braune Schuhe tragen." Nach einer Weile kann ein anderes Kind das Kommando übernehmen.

Anmerkungen

Gute Nachrichten – schlechte Nachrichten

⑧

🕐 5 Minuten

✓ Kreatives Denken
✓ Verständnis für Gegensätze
✓ Konzentration
✓ Verständnis für Konsequenzen
✓ Geschichten erzählen

Spielverlauf

Die Kinder sitzen in einem Kreis. Der Teamer beginnt damit, eine gute Nachricht zu erzählen. Das nächste Kind knüpft daran eine schlechte Nachricht an. Beispielsweise: „Die gute Nachricht ist, dass wir heute schulfrei haben … aber die schlechte Nachricht ist, dass wir dafür eine Hausaufgabe bekommen haben … die gute Nachricht ist, dass die Hausaufgabe ein Aufsatz über den städtischen Rummelplatz ist … die schlechte Nachricht ist, dass der Rummelplatz wegen Bauarbeiten geschlossen wurde … die gute Nachricht ist, dass der Besitzer des Rummelplatzes Eis verschenkt … die schlechte Nachricht ist, dass ihm die Waffeln ausgegangen sind…"

Das Spiel sollte mit einer klaren Zeitbeschränkung gespielt werden.

Variation

Man kann es auch so spielen, dass die Geschichten auf ein bestimmtes Thema begrenzt werden – beispielsweise auf das Wetter oder darauf, dass der Hund gebadet werden soll.

Reflexion

Die Kinder könnten angehalten werden, darüber nachzudenken, wie man mit einer schlechten Nachricht beginnen und sie dann in eine gute Nachricht verwandeln kann.

Anmerkungen

Geschichten am laufenden Band

 20 Minuten

	✓ Zusammenarbeit	✓ Beobachtung
	✓ Gedächtnis	✓ Sinn für dramatische Entwicklungen
	✓ Nonverbale Kommunikation	✓ Vorstellungskraft

In diesem Spiel sollen Kurzgeschichten, die sich verschiedene Teams ausgedacht haben, durch spontane Zwischentexte miteinander verbunden werden. Dazu ist es wichtig, dass die einzelnen Gruppen die Themen der anderen nicht kennen.

Spielverlauf

Die Teamerin teilt die Kinder in kleine Gruppen von drei bis vier Spielern ein. Jedes Team soll ein vorgegebenes Thema zu einer kurzen Geschichte verarbeiten. Beispielsweise: Wir sind Indianer auf dem Weg in die Berge und bauen ein Zelt auf, um darin zu übernachten … Oder: Mutter ist verreist, und wir machen für sie die große Wäsche und hängen die Wäschestücke anschließend an einem windigen Nachmittag zum Trocknen auf … Unser Hund ist ausgerissen, und wir fangen ihn wieder ein und stecken ihn in die Badewanne, weil er sich unterwegs schmutzig gemacht hat …

Das erste Team führt seine Geschichte als Pantomime vor. Das zweite Team gibt die Geschichte in einer eigenen Darstellung wieder und schließt daran die eigene Geschichte als Pantomime an. Das dritte Team errät die Geschichte des zweiten Teams und schließt die eigene Geschichte als Pantomime an.

Variation

Die Teamerin hat Gegenstände oder Abbildungen vorbereitet, die sie nebeneinander aufstellt. Es soll so viele Gegenstände geben entsprechend der Teams, die gebildet werden sollen. Das erste Team nimmt seinen Gegenstand entgegen und erfindet spontan dazu eine kurze Geschichte. Dann nimmt die zweite Gruppe ihren Gegenstand entgegen und versucht eine neue Geschichte zu erfinden, die sie mit der ersten Geschichte verknüpfen kann … Es geht dabei um Geschichten, die nicht vorher mit der Gruppe abgesprochen sind, sondern die von den einzelnen Gruppenmitgliedern nacheinander spontan erfunden werden müssen.

Frage

Es geht hier darum, wie wir mit unerwarteten Aufgaben umgehen. Wie können wir uns in die Lage versetzen, an einen Faden, den ein anderes Kind gesponnen hat, anzuknüpfen?

Anmerkungen

Anmerkungen

Ideen für weitere Spiele zur Stärkung des Selbst-Vertrauens

Reflexionen

14 Alle meine Sinne

Selbst-Achtung und Selbst-Wahrnehmung

Selbst-Wahrnehmung ist die Fähigkeit, unsere Gefühle wahrzunehmen und zu identifizieren und die Gründe zu verstehen, warum wir uns in bestimmten Situationen so fühlen, wie wir uns fühlen. Selbst-Wahrnehmung schließt auch die Fähigkeit ein, mit unseren Gedanken unsere körperliche Befindlichkeit zu steuern.

Zu einer solchen konstruktiven Selbst-Wahrnehmung gehört die Konzentration auf die Signale, die uns unsere Sinne senden, denn ihre Botschaften beeinflussen die Art und Weise, wie wir fühlen und uns in der Folge verhalten.

Entdeckungsreise

⑥   ✓ Kategorisierung   ✓ Schlussfolgerung

🕐 10 Minuten   ✓ Gedächtnis   ✓ Beobachtungsgabe

Spielverlauf

Die Teamerin hat ein langes Brett vorbereitet, auf dem mindestens zwanzig verschiedene Nahrungsmittel und andere Gegenstände, die schmecken und riechen, angeordnet sind. Das Brett wird der Gruppe 30 Sekunden lang gezeigt. Dann wird es mit einem Tuch zugedeckt. Ein Kind lüftet das Tuch und sagt etwas über den ersten Gegenstand:

„Meine Augen sehen etwas, das rot ist …“ „Meine Nase riecht etwas, das …“ „Meine Hände fühlen etwas, das …“ „Meine Zunge schmeckt etwas, das …“ Die anderen Kinder müssen raten, worum es sich handelt. Wer als Erster richtig geraten hat, darf das Kind ablösen. Jetzt lüftet das nächste Kind das Tuch und beschreibt den zweiten Gegenstand mit seinen Sinnen …

Das Spiel wird selbstverständlich in der zweiten oder dritten Runde leichter, weil sich die Kinder daran erinnern, in welcher Reihenfolge die Objekte auf dem Brett liegen.

Variation

In der warmen Jahreszeit kann man das Spiel im Freien spielen und Gegenstände auswählen, die in der Umgebung vorkommen.

Fragen

Was glaubst du – welchen Sinn braucht man am häufigsten? Wie ist das: Siehst du mehr Dinge, wenn du vorher die Augen geschlossen hast? Schmeckst du intensiver, wenn du vorher die Augen geschlossen hast? Wie muss sich ein blindes Kind fühlen, das kein Augenlicht mehr hat, sondern sich auf die anderen Sinne konzentrieren muss?

Anmerkungen

Schlafbär

⑤   ✓   Zuhören können   ✓   Selbst-Beobachtung

🕐 5 Minuten   ✓   Warten können

Dies ist ein Spiel, um die Konzentration und die Fähigkeit, zuhören zu können, zu schulen.

Spielverlauf

Der Teamer bestimmt ein Kind dazu, der Bär zu sein. Der Bär sitzt auf einem bequemen Stuhl in der Mitte eines großen Kreises, den die Kinder bilden, und trägt eine Augenbinde. Unter seinem Stuhl liegt ein Schlüsselbund. Der Teamer bestimmt ein Kind, das versuchen muss, unter den Stuhl zu kriechen und den Schlüsselbund wegzunehmen, ehe der Bär es merkt und das Kind mit dem Finger berührt. Wenn es dem Kind aber gelingt, den Schlüssel wegzunehmen, dann ist es der nächste Bär.

Variation

Zwei Kinder betreten aus verschiedenen Richtungen den Raum, sie tragen Augenbinden. Ein Kind ist der Bär, ein anderes Kind der Jäger. Sie müssen sich möglichst geräuschlos bewegen und die Ohren möglichst offen halten. Wenn der Jäger den Bär lokalisiert hat, muss er auf ihn zurennen und ihn berühren, dann ist er der Sieger.

Reflexion

Es geht darum, von den Spielern zu erfahren, ob sie den Unterschied zwischen dem beiläufigen Zuhören und einem gespannten Hören wahrgenommen haben, denn beim beiläufigen Zuhören blendet unsere Wahrnehmung viele Geräusche aus, die wir nicht für wesentlich halten. Beim konzentrierten Hören hingegen ist jedes Geräusch von Bedeutung.

Anmerkungen

Looky Looky

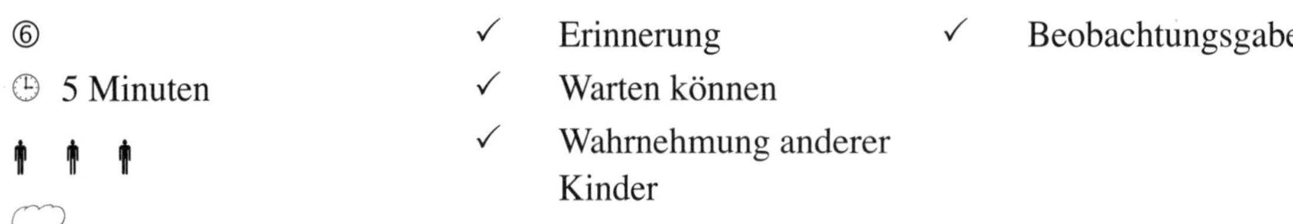

✓ Erinnerung	✓ Beobachtungsgabe
✓ Warten können	
✓ Wahrnehmung anderer Kinder	

Spielverlauf

Ein Kind verlässt den Raum mit der Aufforderung, bei der Rückkehr den Raum und die Kinder sorgfältig darauf hin zu beobachten, ob es irgendeine Veränderung gibt. Wenn das Kind diese Veränderung wahrgenommen hat und bezeichnet, hat es gewonnen. Die Veränderung kann darin bestehen, dass ein Kind die Straßenschuhe auszieht und in Socken herumläuft, dass es sein Haar hinten zusammengebunden hat oder dass plötzlich hinten in der Ecke des Raumes ein Blumenstrauß steht.

Variation

Zwei Kinder verlassen den Raum. Die zurückgebliebenen Kinder arrangieren zwei Veränderungen, die identifiziert werden müssen.

Fragen

Was ist der Unterschied zwischen einfach „schauen" und „beobachten"? Warum sollten wir in bestimmten Situationen sehr genau hinschauen und uns das Bild einprägen, das uns unsere Sinne zuschicken?

Anmerkungen

Gemalte Musik

⑦   ✓ Zuhören können   ✓ Selbst-Vertrauen

🕐 20 Minuten   ✓ Vorstellungskraft   ✓ Konzentration

Spielverlauf

Die Teamerin hat bei der letzten Sitzung einige oder alle Kinder gebeten, ihre Lieblingsmusik mitzubringen. In der Sitzung betätigt sie sich als DJ und spielt die Musikstücke in einer kurzen Version nacheinander vor. Die Kinder sitzen einzeln oder in Zweiergruppen an Tischen und zeichnen mit verschiedenfarbigen Filzstiften, mit Buntstiften oder mit Wasserfarben Gefühle auf, die sie bei wenigstens zwei verschiedenen Musikstücken haben. Danach erklären sie den anderen Kindern, warum die beiden Bilder, die sie beim Zuhören gemalt haben, so sind, wie sie sind.

Anmerkungen

Was klopft denn da?

⑤   ✓   Zuhören können   ✓   Konzentration
🕐 10 Minuten   ✓   Schlussfolgerung

Spielverlauf

Die Kinder sitzen verstreut im Raum. Ein Kind hat sich freiwillig gemeldet und eine Augenbinde umgebunden. Der Teamer oder ein anderes Kind geht möglichst leise durch den Raum und erzeugt mit den dort vorhandenen Gegenständen Geräusche:

Er öffnet ein Fenster, er klopft an die Tür, er stößt zwei Milchtassen zusammen, er schreibt mit Kreide auf einer Tafel, dass es quietscht, pocht mit einem Hammer gegen die Wand … Das Kind mit der Augenbinde rät, worum es sich handelt. Nach drei positiven Schätzungen oder nach sechs negativen Schätzungen übernimmt ein anderes Kind diese Rolle.

Variationen

Die gesamte Gruppe hält die Augen geschlossen und versucht zu erraten, wer oder was das Geräusch erzeugt.

Der Teamer kann die Übung aber auch mit einer allgemeinen Hörübung beginnen: Was kannst du hier im Raum hören? Welche Geräusche erreichen unser Ohr von außerhalb dieses Raumes? Welcher Laut entstand in deiner unmittelbaren Nähe?

Fragen

Ist Zuhören dasselbe wie Hören? Kannst du Situationen benennen, in denen es dir schwerfällt, zuzuhören? Und solche, in denen es dir leichtfällt? Kannst du den Unterschied zwischen einem Ton und einem Geräusch nennen? Welches Geräusch ist dir am unangenehmsten?

Anmerkungen

Handmalerei

⑤
🕐 10 Minuten

† † †
☁

✓ Sich abwechseln
können

✓ Konzentration
✓ Vertrauen

Spielverlauf

Jeweils zwei Kinder arbeiten als Paar zusammen. Ein Kind schließt die Augen und hält dem anderen die rechte Hand mit der Handfläche nach oben entgegen. Das andere Kind malt auf diese Handfläche mit einem Finger eine einfache Figur, z. B. ein Kreuz, einen Kreis oder ein Dreieck, oder es schreibt ein kurzes Wort auf die Handfläche. Das andere Kind versucht zu raten, was auf seiner Handfläche geschrieben worden ist. Bis zu drei Wiederholungen sind möglich – vor allem bei Wörtern. Danach wechseln die beiden Kinder ihre Rolle.

Variation

Ein Kind sitzt mit dem Rücken zur Gruppe. Ein anderes Kind schreibt seinen Namen mit großen Buchstaben durch Fingerdruck auf den Rücken des ersten Kindes. Hat das Kind richtig geraten, dann wechseln die beiden ihre Rollen.

Fragen

Fragen sollten sich auf die Rolle und die Bedeutung von „Fühlen" und „Tasten" richten. Welcher Teil unserer Finger ist am sensibelsten bei Berührungen – der Fingerrücken oder die Fingerspitzen? Bemerkst du eigentlich immer, wenn dein Hemdkragen gegen deinen Hals stößt oder die Manschetten deines Sporthemdes gegen den Handknöchel? Ist es möglich, gleichzeitig die Botschaften von zwei unterschiedlichen Sinnen wahrzunehmen und zu verarbeiten?

Anmerkungen

Dies und das

⑦

🕐 5 Minuten

👤 👤 👤

💬 💬 💬

| | ✓ Zuhören können | ✓ Beobachtung |
| ✓ Konzentration | ✓ Selbst-Kontrolle |

Spielverlauf

Der Teamer demonstriert zunächst einfache Bewegungen, denen die Kinder folgen können, wenn sie dazu aufgefordert werden, beispielsweise auf einem Bein stehen, das rechte Ohr mit der rechten Hand berühren, das linke Ohr mit der rechten Hand berühren, mit
der rechten Hand winken, mit beiden Händen winken, in die Hände klatschen. Dazu kann
eine aufmunternde Musik gespielt werden. Der Teamer vollführt dabei die vorher demons-
trierten Bewegungen, bei einigen dieser Bewegungen ruft er: „Dies!" Dann machen die
Kinder die gleichen Bewegungen im gleichen Takt. Ruft er hingegen: „Das!", dann stoppen die Kinder ihre Bewegungen und bleiben ruhig stehen.

Variationen

Man kann anregen, dass Kinder „raus" sind, wenn sie eines der beiden Signale verpassen.
Man kann aber auch darauf verzichten. Oder man kann Kinder, die ein Signal verpasst haben, in einen inneren Kreis bitten und sie weiterhin mitspielen lassen. Auf lange Sicht gesehen, werden alle Kinder im inneren Kreis landen.

Frage

Wir können mit den Kindern über Selbstbeobachtung und Routine sprechen. Wenn wir eine neue Tätigkeit beginnen, dann beobachten wir uns meistens sehr genau. Wenn unser
Handeln Routine geworden ist, dann beobachten wir uns meist nicht mehr. Das kann dazu führen, dass wir vergessen, welche routinierten Handlungen wir gerade ausgeführt haben. Ist das schlimm?

Anmerkungen

Kalt – warm – heiß!

⑦

🕐 10 Minuten

👤 👤 👤

✓ Zuhören können	✓ Selbst-Beobachtung
✓ Konzentration	✓ Schlussfolgerung
✓ Beobachtungsgabe	

Spielverlauf

Zwei Kinder verlassen den Raum. Die anderen entscheiden, welche Stellung die beiden bei ihrer Rückkehr zueinander einnehmen sollen. Das heißt beispielsweise: Beide sitzen am Boden einander zugewandt, ziemlich weit voneinander entfernt, mit ausgestreckten Beinen. Jetzt kommen die beiden Kinder zurück und versuchen die Stellung einzunehmen, die die anderen sich ausgedacht haben. Wie weit oder wie nahe sie von dieser ausgedachten Stellung entfernt sind, erfahren sie durch das leise, mittellaute oder sehr laute Klatschen der anderen Kinder. Das Klatschen kann auch durch ein anderes Geräusch ersetzt werden – beispielsweise ein Summen in unterschiedlichen Lautstärken.

Variation

Die Kinder können sich auch eine Skulptur ausdenken, die die beiden zurückkehrenden Kinder darstellen sollen.

Reflexion

Manchmal sind wir auf unsere Selbst-Wahrnehmung angewiesen. Manchmal müssen wir uns aber auch auf die Rückmeldung durch andere verlassen, die uns auf verschiedene Weise mitteilen können, ob wir „auf dem richtigen Weg" sind. Zum Selbst-Vertrauen gehört es auch, dass andere den Weg zum „richtigen" Handeln begleitet haben und signalisieren konnten, dass die Richtung stimmt.

Anmerkungen

Ideen für weitere Spiele zur Selbst-Wahrnehmung

Reflexionen

15 Ausklang

Wenn Sie an einem Nachmittag mit Kindern eine Reihe von Spielen gespielt haben, dann ist es wichtig, dass Sie den Nachmittag nicht abrupt beenden, sondern einen Ausklang finden, der die Kinder wieder langsam in den Alltag zurückbringt. Selbst wenn Sie vorher nur ein Spiel gespielt haben, ist es ratsam, die Aktivität wieder herunterzufahren, ehe die Kinder sich der nächsten Aufgabe des Tages zuwenden. Ein Ausgangsspiel signalisiert den Kindern, dass das Spielen nun zu einem Ende kommt und Neues auf uns alle wartet.

Bei Gruppen, die über einen längeren Zeitraum zusammenarbeiten, ist es außerdem wünschenswert, in regelmäßigen Intervallen die Fortschritte der Gruppe zu thematisieren und zu feiern. Auch wenn eine Gruppe sich zum letzten Spielenachmittag trifft, ist es wichtig, dieses „letzte Mal" festlich zu begehen. Es bedeutet schließlich das Ende einer Gruppe, die über eine gewisse Zeit vertrauensvoll zusammengearbeitet hat und zusammengewachsen ist. Das gibt Raum, die Fortschritte jedes einzelnen Gruppenmitgliedes anzuerkennen, und es verstärkt den Gedanken, dass Freude und Feier wichtige Bestandteile bei der Entwicklung von Selbst-Achtung sind.

Pack den Rucksack

⑧

🕐 5 Minuten

✓ Vorstellungskraft   ✓ Rollenspiel

✓ Symbolverständnis   ✓ Empathie

Spielverlauf

Die Teamerin leitet diese Spielsitzung ein, indem sie daran erinnert, dass es jetzt darum geht, Erinnerungen in den Rucksack zu packen und mit nach Hause zu nehmen. Was sind das für Erinnerungen, die jedes Kind mit nach Hause nehmen möchte? Erinnerungen an ein bestimmtes Spiel? An ein bestimmtes Kind? An eine Gruppe, mit der man gut zusammengearbeitet hat? An die Teamerin, die einem ans Herz gewachsen ist? Oder an eine Fertigkeit, die man spielerisch erworben hat – an etwas Bedeutsames, das man im Spiel gelernt hat, und an ein Lob, das gespendet worden ist? Die Teamerin fragt jedes Kind in der Abschlussrunde, was es denn an Erinnerungen in seinen Rucksack einpacken möchte.

Variation

Die Kinder sitzen im Kreis. Jedes Kind nimmt aus einem fantasierten Schatzkästchen einen Gegenstand, stellt ihn symbolisch in die Mitte des Kreises und schildert diesen Gegenstand dem Kind, das rechts neben ihm sitzt.

Fragen

Wie willst du es erreichen, dass dir die Erinnerung an die Gruppennachmittage nicht verloren geht? Manchmal schleppen wir schwere Rucksäcke mit Ärger, Angst und Sorgen mit uns herum. Ist es nicht toll, dass wir diesmal unseren Rucksack mit positiven Erfahrungen füllen können?

Anmerkungen

Zum guten Ende

⑦

🕒 5 Minuten

✓ Zuhören können
✓ Vertrauen
✓ Sich abwechseln können

✓ Konzentration
✓ Selbst-Wahrnehmung

Spielverlauf

Am Ende eines jeden Treffens holt der Teamer alle Kinder wieder zurück in den Kreis.
Jedes Kind erhält die Chance, den anderen etwas zum Abschluss zu sagen.
Beispielsweise:

- Ich hab das Gefühl …
- Heute habe ich rausgefunden, dass …
- Ihr wisst, ich heiße …
- Und ich bin heute …
- Mir ist aufgefallen, dass …
- Heute habe ich mich wirklich wohlgefühlt als …

Variation

Man kann die Aussagen auch dadurch kanalisieren, dass man jedes Kind bittet, den angefangenen Satz zu vervollständigen: „Ich bin jetzt wirklich gut bei …" Oder: „Ich fühle mich wirklich sicher, wenn …" Dabei sollte das Kind verbal die entsprechende Körpersprache zeigen und einen Gesichtsausdruck, der die Aussage unterstreicht.

Fragen

Hast du dir selber ein Ziel für die Zukunft gesetzt? Was möchtest du in naher Zukunft erreichen? Beispielsweise bis zum Ende dieser Woche? Bis zum Ende dieses Monats? Bis zu deinem nächsten Geburtstag? Wie kannst du herausfinden, dass du das erreicht hast, was du dir vorgenommen hast? Wie werden es andere Kinder merken? Und wie deine Eltern?

Anmerkungen

Laute Jubelrufe

⑤   ✓   Zuhören können   ✓   Selbst-Wahrnehmung

🕐 5 Minuten   ✓   Zusammenarbeit   ✓   Selbst-Beobachtung

Spielverlauf

Alle Kinder laufen wild durcheinander und kauern sich nieder. Der Teamer stimmt einen tiefen summenden Ton an, und die Kinder fallen ein. Dann stehen die Kinder langsam auf, der Ton wird stärker und stärker, bis alle Kinder hoch in die Luft springen und so laut summen, wie sie nur können.

Variation

Die Kinder hocken sich in einem Kreis nieder und blicken in die Mitte des Kreises. Jedes Kind beginnt mit einem leisen summenden Ton, und es wird langsam lauter, während es aufsteht und die Arme in den Himmel streckt. Dann machen die Kinder das Gegenteil, das laute Summen wird leiser und leiser, während sie zu Boden sinken und vielleicht sogar auf der Erde liegen, mit den Füßen zum Zentrum des Kreises und nun in vollständiger Stille.

Anmerkungen

Oscarpreisträger

⑥

🕐 10 Minuten

✓ Selbst-Vertrauen
✓ Vertrauen
✓ Vorstellungskraft

✓ Loben und gelobt werden
✓ Dramatische Darstellung

Spielverlauf

Die Teamerin wickelt eine etwa 25 cm hohe Figur in Silberpapier ein und überreicht diesen Oscar einem Kind in einer würdigen Zeremonie, die mit einer Rede verbunden ist, die seine Verdienste während des Spielnachmittags oder überhaupt im Leben der Gruppe würdigt. Das Kind bedankt sich und gibt den Oscar zurück, weil es seiner Meinung nach auch noch andere Kinder in der Gruppe gibt, die diese Auszeichnung verdienen. Nun übergibt die Teamerin einem zweiten Kind den Oscar und hält eine weitere Rede, in der sie andere Fertigkeiten und Errungenschaften des zu würdigenden Kindes benennt. Das Kind bedankt sich und tritt wieder zurück. Auf diese Weise können alle Kinder in der Schlussrunde einmal Oscarpreisträger werden, ohne dass ein Konkurrenzkampf entstehen könnte, wer der oder die Erste ist. Die Rede des Teamers wird jedes Mal von begeistertem Klatschen der anderen Kinder unterbrochen und beendet.

Reflexion

Zu Beginn dieser Zeremonie könnte die Teamerin ein Gespräch über die Sinnhaftigkeit von öffentlichen Lobpreisungen beginnen. Es könnte angeregt werden, darüber nachzudenken, wie jeder von uns sich selber und seine Kooperationspartner durch kleine Gesten belohnen und lobend erwähnen könnte. Beispielsweise indem man ihnen einen Dienst erweist – aber eben nicht stillschweigend, sondern mit deutlicher Erwähnung, wofür diese Dienstleistung steht.

Ideen für weitere Spiele zum Ausklang

Reflexionen

Anhang

Verschiedene Spieltypen

- Konkurrenzspiele/nicht konkurrierende Spiele
- Aktive (Bewegungs-)Spiele/Brettspiele
- Sprachspiele
- Musikalische Spiele
- Stumme Spiele
- Bewegungsspiele
- Mathematische Spiele
- Sportliche Spiele/Teamspiele (für Paare, kleine Gruppen, große Gruppen)
- Spiele für drinnen/Spiele für draußen
- Strukturierte/unstrukturierte Spiele
- Spiele mit verbundenen Augen
- Spiele auf engem Raum/mit großem Platzbedarf
- Logische Spiele
- Straßenspiele
- Ratespiele (Quiz)
- Kartenspiele
- Computerspiele
- Spiele mit und ohne Requisiten
- Jahreszeitliche Spiele
- Wilde/ruhige Spiele
- Riskante/risikofreie Spiele
- Themenspiele
- Anspruchsvolle schwierige Spiele

Was man beim Spielen üben kann

1.   Allgemeine Lehrziele

- Entwicklung der Fähigkeit zu sprechen
- Entwicklung der Fähigkeit zuzuhören
- Entwicklung der Beobachtungsgabe
- Entwicklung der Fähigkeit, komplexen Anweisungen zu folgen
- Entwicklung der Fähigkeit, über sich und andere(s) nachzudenken
- Entwicklung der Erinnerungs- und Merkfähigkeit
- Entwicklung der Fähigkeit, verständliche Anweisungen zu geben
- Entwicklung der Fähigkeit, neue Regeln und Konventionen zu schaffen
- Entwicklung der Fähigkeit zu warten, bis man an der Reihe ist, und die eigene Rolle abzugeben
- Entwicklung der Fähigkeit, Probleme zu lösen
- Entwicklung der Fähigkeit, mit Gruppenmitgliedern zusammenzuarbeiten
- Entwicklung der Fähigkeit, bei einer Handlung zu bleiben
- Entwicklung der Fähigkeit, in einer sicheren Umgebung Fehler machen zu können
- Entwicklung der Fähigkeit, anderen bei ihren Tätigkeiten zuzuschauen und Feedback zu geben
- Entwicklung der Fähigkeit, „mit dem Körper zu sprechen" und Körpersprache wahrzunehmen.

2.   Lehrziele im Umgang mit Spielen

- Verständnis der unterschiedlichen Funktionen von Spielen
- Verständnis für unterschiedliche Typen von Spielen
- Die Fähigkeit, Spiele und Regeln den Lehrzielen entsprechend auszusuchen und zu verändern
- Fähigkeit der Modifikation durch Erfahrung und Anpassung
- Fähigkeit der Erkundung von sozialen und kulturellen Aspekten unterschiedlicher Spiele
- Entwicklung der Fähigkeit zu erkennen, wie bestimmte Spiele bereits erworbene Fertigkeiten verstärken können
- Entwicklung der Fähigkeit zu erkennen, dass bestimmte Spiele nicht nur einem, sondern mehreren Lehrzielen folgen
- Entwicklung der Überzeugung, dass lernen Freude bereiten kann
- Fähigkeit Regeln zu folgen, die von anderen gemacht worden sind
- Verständnis für die Art und Weise, wie Regeln gemacht werden.

3.   Persönliche und Soziale Lehrziele

- Förderung von Selbst-Respekt und Respekt gegenüber anderen
- Verständnis für allgemeine Prinzipien wie Toleranz, Fairness und Empathie
- Verständnis von Prinzipien wie die Verantwortung für eigenes Handeln und die Einsicht, wie es andere Menschen beeinflusst
- Erkennen und Verstehen von Gefühlen
- Ertragen von Enttäuschungen und Entwickeln emotionaler Widerstandsfähigkeit (Resilienz)
- Impulsives Handeln unter Kontrolle bringen und Beständigkeit entwickeln
- Verbindungen zwischen Gedanken, Handlungen und Gefühlen erforschen
- Sensibilität gegenüber den Stärken und Schwierigkeiten anderer Menschen entwickeln
- Vertrauen entwickeln
- Selbstwirksamkeit verstärken
- Bewusste Wahrnehmungsfähigkeit entwickeln
- Ein Verständnis für die Art und Weise eines Selbst-Bildes entwickeln
- Zutrauen zu sich selbst entwickeln
- Verständnis für die soziale Bedeutung individuellen Handelns und individueller Erfolge gewinnen
- Sensibilität in Gedanken und Handlungen trainieren
- Unabhängiges und schöpferisches Denken trainieren.

4.   Prozesslernen

- Entwicklung der Fähigkeit, erworbene Fertigkeiten auf neue Bereiche zu übertragen
- Entwicklung der Fähigkeit, Einsichten und Handlungen als Ergebnis von Lernprozessen (auch in Spielen) auf das Alltagshandeln zu übertragen
- Verständnis für komplexe Erfahrungen durch ein nicht-bedrohliches Medium gewinnen
- Fähigkeit zur Entwicklung eigener Spiele als ein Ergebnis des Verständnisses für allgemeine Regeln über Struktur und Inhalt von Spiel allgemein.

Verwendete Literatur

Bandura, A. (1977). Self-efficacy: Toward a unifying theory of behaviour change. *Psychological Review, 84*, 191–215.

Burns, R. B. (1979). *The Self Concept in Theory, Measurement, Development and Behaviour.* New York: Longman.

Butler, R. J. (2001). *The Self Image Profiles.* London: The Psychological Corporation.

Butler, R. J. & Gasson, S. L. (2005). Self esteem/self concept scales for children and adolescents: A review. *Child and Adolescent Mental Health, 10* (4), 190–201.

California Task Force to Promote Self-Esteem and Personal and Social Responsibility (1990). *Toward a State of Self-Esteem.* Sacramento: California State Department of Education.

Cohen, D. (1993). *The Development of Play* (2nd edition). London: Routledge.

Coopersmith, S. (1967). *The Antecedents of Self-Esteem.* San Francisco: W. H. Freeman and Company.

Cottrell, N. B. (1972). Social Facilitation. In C. McClintock (ed.), *Experimental Social Psychology* (S. 185–237). New York: Holt, Rinehart & Winston.

Faber, A. & Mazlish, E. (1982). *How to Talk So Kids Will Listen and Listen So Kids Will Talk.* New York: Avon.

Garvey, C. (1977). *Play.* London: Fontana/Open Books.

Glouberman, D. (2003). *Life Choices, Life Changes: Develop your Personal Vision with Imagework.* London: Hodder and Stoughton.

Gurney, P. (1988). *Self-Esteem in Children with Special Educational Needs.* London and New York: Routledge.

Hargarden, H. & Sills, C. (2002). *Transactional Analysis: A Relational Perspective.* Hove and New York: Brunner-Routledge.

Harter, S. (1999). *The Construction of the Self.* New York: Guilford Press.

Hillman, J. (2002). *Healing Fiction.* Putnam, Connecticut: Spring Publications, Inc.

Johnson, R. A. (1989). *Inner Work: Using Dreams and Active Imagination for Personal Growth.* New York: HarperSanFrancisco.

Mruk, C. J. (1999). *Self Esteem: Research, Theory and Practice* (2nd edition). London: Free Association Books.

Opie, I. & Opie, P. (1976). Street Games: Counting-out and Chasing. In J. S. Bruner, A. Jolly and K. Sylva (eds.), *Play: Its Role in Development and Evolution.* Harmondsworth: Penguin.

Paley, V. G. (1991). *The Boy Who Would Be a Helicopter.* London: Harvard University Press.

Plummer, D. (1999). *Using Interactive Imagework with Children: Walking on the Magic Mountain.* London: Jessica Kingsley Publishers.

Plummer, D. (2005). *Helping Adolescents and Adults to Build Self-Esteem.* London: Jessica Kingsley Publishers.

Plummer, D. (2009). *(Wie) Kinder lernen, sich wertzuschätzen. Ein Trainingsprogramm mit Kopiervorlagen.* Tübingen: dgvt-Verlag.

Roberts, J. M. & Sutton-Smith, B. (1962). Child training and game involvement. *Ethnology, 1,* 166–185.

Rogers, C. R. (1976). *Entwicklung der Persönlichkeit. Psychotherapie aus der Sicht eines Therapeuten.* Stuttgart: Klett.

Rogers, C. R. (1981). *Der neue Mensch.* Stuttgart: Klett-Cotta.

Rogers, C. R. & Dymond, R. F. (eds.). (1954). *Psychotherapy and Personality Change: Coordinated Studies in the Client-centred Approach.* Chicago: University of Chicago Press.

Rosenberg, M. J. (1965). *Society and Adolescent Self-image.* Princeton, NJ: Princeton University Press.

Rosenberg, M. J. & Simmons, R. G. (1972). *Black and White Self-Esteem: The Urban School Child.* Washington, D.C.: American Sociological Association.

Satir, V. (1972). *Peoplemaking.* London: Souvenir Press.

Sher, B. (1998). *Self-Esteem Games. 300 Fun Activities that Make Children Feel Good about Themselves.* New York: John Wiley.

Zajonc, R. B. (1965). Social Facilitation. *Science, 149,* 269–274.

Weiterführende Literatur

Geldard, K. & Geldard, D. (2003). *Helfende Gruppen. Eine Einführung in die Gruppenarbeit mit Kindern*. Weinheim: Juventa.

Hobday, A. & Ollier, K. (2. Aufl.). (2006). *Helfende Spiele. Kreative Lebens- und Konfliktberatung von Kindern und Jugendlichen*. Weinheim: Juventa.

Thiesen, P. (2001). *Ideenmischmaschine. Unzählige Stegreifspiele für Schule, Jugendarbeit und Erwachsenenbildung*. Weinheim: Juventa.

Thiesen, P. (2002). *Das Kommunikationsspielebuch. Für die Arbeit in Schule, Jugendarbeit und Erwachsenenbildung*. Weinheim: Juventa.

Thiesen, P. (3. Aufl.). (2006). *Freche Spiele. Starke Spielideen gegen Frust und Lustverlust in Schule, Jugendarbeit und Erwachsenenbildung*. Weinheim: Juventa.

Weinberger, S. (3. Aufl.). (2007). *Kindern spielend helfen. Eine personzentrierte Lern- und Praxisanleitung*. Weinheim: Juventa.